Massage sensuel

Massage sensuel

Une introduction pratique

Denise Whichello Brown

Traduit de l'anglais par
Laurette Therrien

MODUS VIVENDI

Version française publiée par
Les Publications Modus Vivendi
3859, autoroute des Laurentides
Laval (Qc) H7L 3H7

Dépôt légal: 3e trimestre 2000
Bibliothèque nationale du Québec
Bibliothèque nationale du Canada
Bibliothèque nationale de France

Mise en page de l'édition française: Josée Michaud
Coordination de la production, révision: Sabine Cerboni
Managers du projet: Rebecca Kingsley/Joyce Bentley
Editrice de projet: Maria Costantino
Photographe: Paul Forrester
Editrice: Sarah Harris
Designer: OMNIPRESS/A. McColn

Données de catalogage avant publication (Canada)

Brown, Denise Whichello
Massage sensuel
Traduction de: Sensual massage.
ISBN: 2-89523-018-8
1. Massage. 2. Sensualité. 3. Huiles essentielles. I. Titre.
RA780.5.B76414 2000 615.8'22 C00-940579-8

Ce livre ne vise pas à remplacer les conseils d'un professionnel de la santé. Si vous croyez souffrir de problèmes qui nuisent à votre santé, il vous faut chercher l'avis d'un médecin. Consultez un professionnel de la santé dûment qualifié, un aromathérapeute ou votre médecin avant d'entreprendre tout traitement.

table des matières

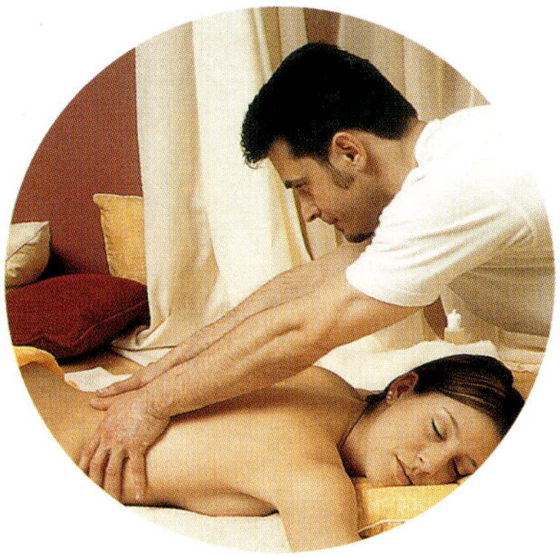

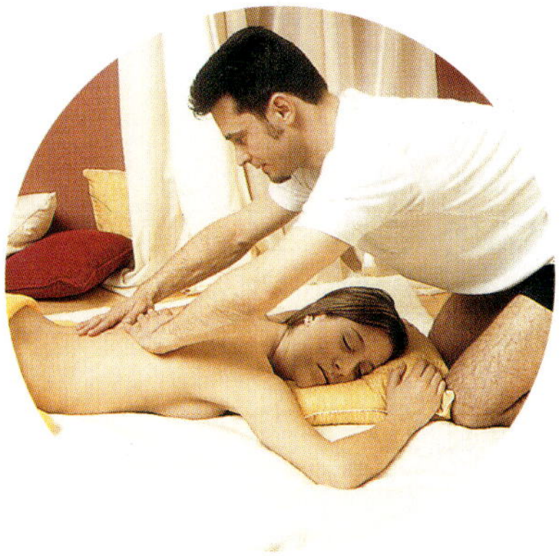

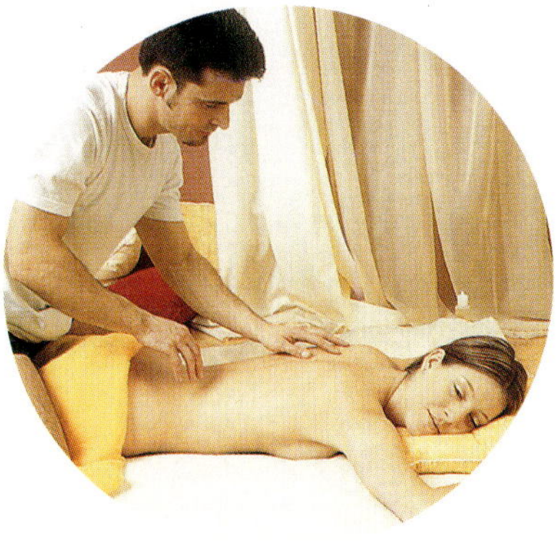

introduction au
massage sensuel

Les Bienfaits du Massage Sensuel

Depuis des milliers d'années, les amants s'adonnent avec délectation aux plaisirs du massage sensuel. Et la joie de donner et de recevoir du plaisir grâce à des attouchements et à de douces caresses fait partie de toutes les cultures à travers le monde. Dans le courant actuel de satisfaction immédiate, l'art du massage est tout aussi important, parce qu'il donne aux amants la chance d'exprimer leur amour d'une manière tendre et spirituelle.

Les amants des quatre coins du monde apprécient les plaisirs du massage sensuel depuis des milliers d'années.

Les plaisirs du massage sensuel ont été décrits dans l'ouvrage indien *Kama Sutra* (qui signifie « traité sur l'amour »). D'abord connu comme un manuel novateur sur le sexe, le Kama Sutra réfère également à l'usage moins explicite, mais tout aussi érotique, d'huiles de séduction et de parfums capables d'intensifier le plaisir sensuel.

Dans l'Égypte antique, le massage sensuel était chose courante. Les prêtres avaient le pouvoir de préparer des philtres d'amour, et les femmes égyptiennes étaient parfaitement au courant de l'influence des parfums sur l'attrait sexuel. En Grèce, la déesse Aphrodite était reconnue comme la déesse de l'Amour, de la beauté et de la sexualité. Le mot « aphrodisiaque » nous vient d'ailleurs du nom de la déesse. Et le mot « érotique » est dérivé du nom de son fils, Éros. De la mythologie nous viennent Vénus, la déesse de l'amour, et son fils Cupidon. Le mot « vénérien », qui signifie « désir sexuel », vient directement du mot Vénus. Les bains publics, que les Romains fréquentaient quotidiennement, étaient parfumés à l'eau de rose, et l'on enduisait régulièrement les corps avec des huiles aromatisées, pour le simple plaisir sensuel.

Joséphine adorait les huiles et s'en servait abondamment pour tenter et séduire Napoléon. Une grande variété de solutions aromatisées étaient utilisées lors de leurs nuits de passion.

Partout dans le monde, depuis l'aube de la civilisation, les massages, accompagnés d'arômes sensuels utilisés pour exciter le désir sexuel, ont été et sont toujours, largement répandus.

Les massages avec des huiles essentielles peuvent s'avérer une expérience des plus plaisantes.

AVIS IMPORTANT

Ce livre ne doit pas servir de substitut au traitement médical des maladies lorsque l'intervention d'un médecin est nécessaire. L'information qu'il contient ne peut servir ni de diagnostic, ni de traitement, et il est fortement recommandé de vous conformer aux conseils de sécurité qui y sont donnés.

Il est impératif de ne pas faire un usage interne des huiles essentielles et que toutes les autres contre-indications concernant ces huiles soient observées à la lettre.

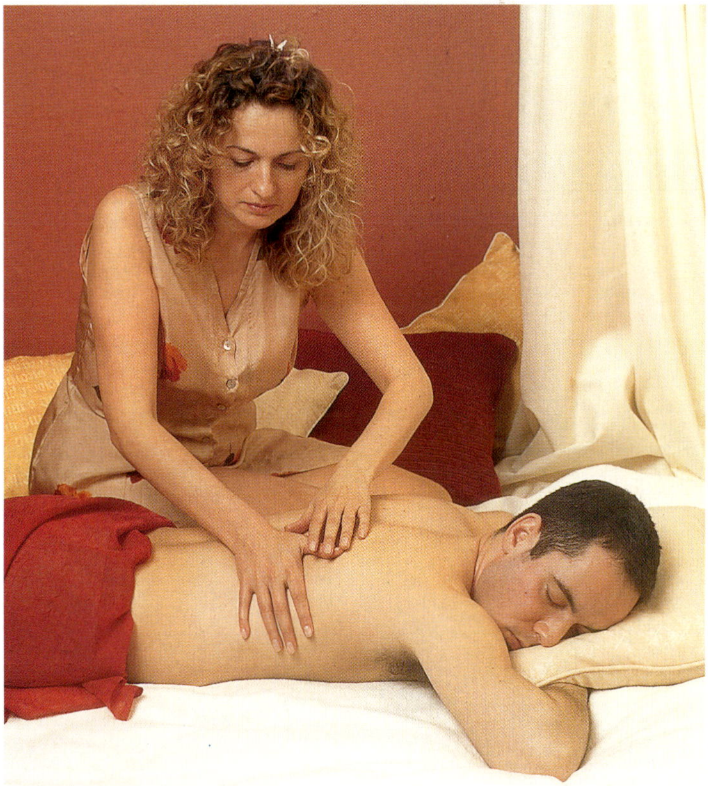

Fort agréable, le massage sensuel peut également contribuer à la santé physique et à une sensation de bien-être général.

Prélude excitant à vos ébats amoureux, le massage sensuel peut tout aussi bien être agréable en soi. C'est une excellente manière de vous rapprocher de votre partenaire.

LES BIENFAITS DU MASSAGE SENSUEL

On connaît les bienfaits du massage sensuel depuis très longtemps. Il ne s'agit pas seulement de l'une des expériences les plus agréables que l'on puisse imaginer. Le massage sensuel renforce le système immunitaire tout en améliorant votre santé et en prévenant l'apparition de maladies.

Le massage stimule aussi le système lymphatique en permettant au corps d'éliminer les toxines de façon efficace. Il aide la digestion, contribue à éliminer les problèmes de constipation et le syndrome du côlon irritable, accélère la circulation du sang et améliore la respiration et les troubles bronchiques. Les muscles se relâchent, soulageant le cou, les épaules et les douleurs dorsales. Il calme les nerfs, et le stress et les tensions quotidiennes disparaissent.

Même s'il n'est pas suivi de l'acte sexuel, le plaisir physique du toucher sous forme de massage sensuel est extrêmement satisfaisant. Le fait de donner et de recevoir un massage peut s'avérer une expérience hautement sensuelle qui ajoutera une nouvelle dimension à votre vie sexuelle.

Dans ce livre, vous apprendrez des techniques nouvelles et excitantes qui rendront vos relations amoureuses beaucoup plus agréables. Vous découvrirez comment attirer votre partenaire et comment créer des philtres d'amour qui vous seront exclusifs. Alors que vous améliorez et harmonisez votre relation sexuelle, sachez que vous contribuez également à maintenir une bonne santé corporelle.

Savourez les plaisirs sensuels qui vous attendent!

pour commencer

Créer une Atmosphère Sensuelle

Il est nécessaire de créer un environnement romantique et sensuel pour votre massage, alors essayez de bien vous préparer à l'avance. Choisissez un moment où vous ne serez pas dérangés. Décrochez le téléphone et ne permettez pas aux enfants ou aux animaux domestiques d'entrer dans la pièce où vous vous trouvez. Choisissez une musique que vous apprécierez tous les deux pour ses qualités calmantes et relaxantes, ou mettez votre disque préféré.

Un environnement chaleureux et invitant augmentera le plaisir que vous prendrez au massage sensuel.

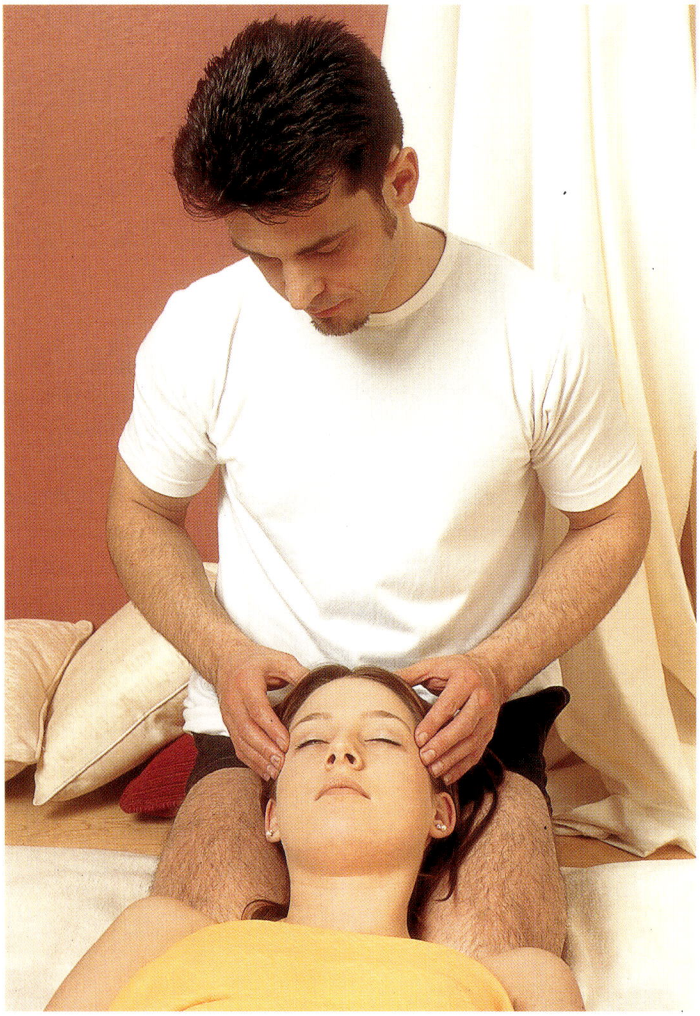

Assurez-vous que votre partenaire est bien au chaud et détendu. Entourez-vous de couvertures et de coussins, et voyez à ne pas rompre le contact durant le massage.

CHALEUR

Réchauffez la pièce d'avance pour la rendre chaleureuse et invitante. Si vous avez la chance de posséder un foyer, les bûches de bois sont idéales. Votre partenaire ne réussira pas à relaxer si elle ou il a froid, sans compter que la température du corps baisse dès que la peau est exposée à l'air. Ayez une bonne quantité de serviettes et de couvertures à portée de la main pour couvrir toute partie du corps que vous ne touchez pas. Vous aurez aussi besoin de coussins et d'oreillers, d'un petit bol et de votre huile de massage tout près, de sorte qu'une fois que vous aurez commencé le massage, vous n'ayez pas à vous absenter et à rompre le rythme.

ÉCLAIRAGE

L'éclairage devrait être tamisé et romantique. Baissez les lumières ou allumez quelques bougies dans la pièce pour une ambiance parfaite. Vous pourriez choisir des bougies de couleur: les roses sont propices à la romance et à la douceur, les rouges peuvent suggérer la passion et les violettes sont mystérieuses et intenses.

Des bougies qui vacillent doucement rehaussent l'atmosphère sensuelle d'une pièce.

Senteur

Parfumez la pièce en faisant brûler de l'encens, ou mieux, utilisez des huiles essentielles. Un brûleur en argile sera parfait. Mettez quelques cuillerées à thé d'eau dans le bol placé audessus du brûleur et ajoutez-y quelques gouttes d'huile essentielle. Allumez et laissez les arômes enivrants se répandre dans l'atmosphère. Vous obtiendrez le même effet en plaçant une soucoupe ou un petit bol d'eau sur le radiateur chaud et en y ajoutant quelques gouttes d'huile essentielle. Choisissez-en parmi les huiles essentielles érotiques dont il sera question plus loin dans ce livre, selon vos goûts personnels, ou essayez l'une des recettes que voici dans votre brûleur.

2 gouttes de rose
2 gouttes de santal
OU
2 gouttes de bergamote
2 gouttes de néroli ou fleur d'oranger
OU
2 gouttes de jasmin
2 gouttes de géranium
OU
2 gouttes de ylang-ylang
2 gouttes de bois de rose

Vous pourriez aussi décider de parfumer vos serviettes, vos coussins ou vos draps. Il existe plusieurs façons de le faire:

- Remplissez un vaporisateur avec de l'eau de source, ajoutez 10 gouttes de votre huile essentielle favorite, puis vaporisez-en légèrement vos oreillers et serviettes.
- Mettez quelques gouttes d'huile essentielle sur des boules de ouate et placez-les à l'intérieur de vos taies d'oreillers ou sous vos serviettes ou vos draps.
- Ajoutez quelques gouttes d'huile essentielle au dernier rinçage lorsque vous lavez vos serviettes et vos taies d'oreillers.

Certaines huiles sont particulièrement appropriées pour cet usage: l'encens, le jasmin, le néroli, le patchouli, la rose, le santal et le ylang-ylang, puisque toutes ont des propriétés aphrodisiaques et que leur odeur est persistante.

Quelques gouttes de votre huile favorite dans un brûleur ou un diffuseur vous procureront un arôme sensuel.

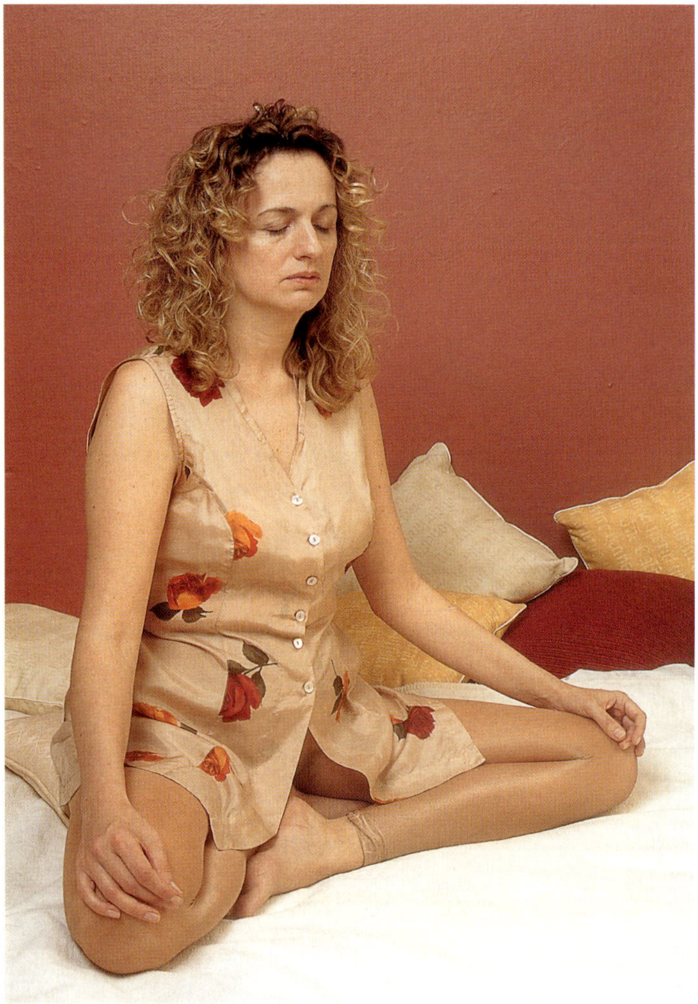

Avant de commencer votre massage, vous devez absolument trouver votre centre pour vous assurer que vous êtes complètement détendu.

Vêtements

Il est vital de porter des vêtements amples et confortables, de préférence avec des manches courtes, sinon vous risquez d'avoir trop chaud. Comme vous devrez souvent changer de position, vous devez être en mesure de vous déplacer librement autour du corps de votre partenaire. Un grand T-shirt est idéal, mais n'importe quel vêtement qui ne vous gêne pas fera l'affaire. Restez pieds nus pour un maximum de confort et enlevez montre, bracelets, bagues et colliers qui risqueraient d'égratigner la peau de votre partenaire. Il ou elle devrait se dévêtir assez pour se sentir bien à l'aise, c'est-à-dire ne garder que ses sous-vêtements, si nécessaire.

Trouvez votre Centre

Si vous désirez donner un massage sensuel, il est essentiel d'être dans un état d'esprit serein. Si vous vous sentez irritable, fatigué ou dépressif, vous transmettrez vos sentiments négatifs à votre partenaire. Aussi, avant de commencer un massage, devez-vous faire le vide dans votre esprit, oublier vos problèmes et prendre le temps de vous détendre consciencieusement. Étendez-vous ou assoyez-vous confortablement, le dos bien droit, et respirez profondément à partir du ventre pour permettre aux tensions physiques et mentales de déserter votre corps. Si des pensées s'imposent à votre esprit, laissez-les simplement passer.

Demeurez dans cette position de relaxation en vous concentrant pour respirer profondément pendant quelques minutes, jusqu'à ce que vous vous sentiez complètement détendu. Inspirez paisiblement et au moment de l'expiration, laissez aller les tensions qui encombrent votre esprit et votre corps.

SURFACE DE MASSAGE

Le massage sensuel peut être donné sur un lit ou sur une autre surface rembourrée. Étendez un duvet épais sur le plancher, deux ou trois couvertures, un sac de couchage ou un futon. Utilisez plusieurs coussins ou oreillers pour assurer le confort et la relaxation de votre partenaire pendant le massage.

Lorsque votre partenaire est étendu sur le dos, placez un coussin ou un oreiller sous sa tête et un autre sous ses genoux, pour soulager la tension dans le bas du dos. S'il est allongé sur le ventre, placez un oreiller sous ses épaules, un sous ses chevilles et un autre sous l'abdomen, si désiré.

Pour votre propre confort, et pour éviter les maux de genoux, veillez à vous agenouiller sur une surface rembourrée. Vous devez être au moins aussi détendu que votre partenaire.

Pour assurer le confort de votre partenaire, il est nécessaire de mettre plusieurs coussins à sa disposition. Sans cela, vous risqueriez de gâcher l'atmosphère sensuelle.

CONTRE-INDICATIONS

Quand ne pas donner un massage

Il y a quelques situations où vous ne devriez pas donner un massage, ou pour le moins prendre des précautions particulières. Si votre partenaire présente l'un ou l'autre de ces problèmes de santé, attendez que son état se soit complètement rétabli.

1. Fièvre ou température élevée.
2. Maladies de la peau, comme la gale ou une mycose. L'acné, le psoriasis et l'eczéma ne sont pas contagieux.
3. Éruptions cutanées, plaies ouvertes: éviter les régions affectées.
4. Ecchymoses: massez autour pour aider à les dissiper.
5. Grosses varices: ne travaillez pas directement sur les varices, car vous pourriez aggraver l'inflammation et la douleur.
6. Cicatrices récentes (les vieilles cicatrices peuvent être massées).
7. Thrombose ou phlébite: il peut y avoir des caillots de sang que le massage risquerait de déplacer en entraînant des conséquences fâcheuses.
8. Grossesse: allez-y seulement de mouvements légers sur l'abdomen durant la grossesse.
9. Bosses et enflures: consultez un médecin pour un examen.

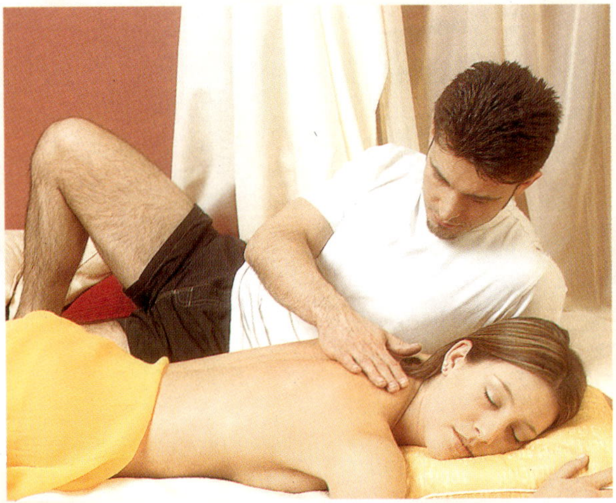

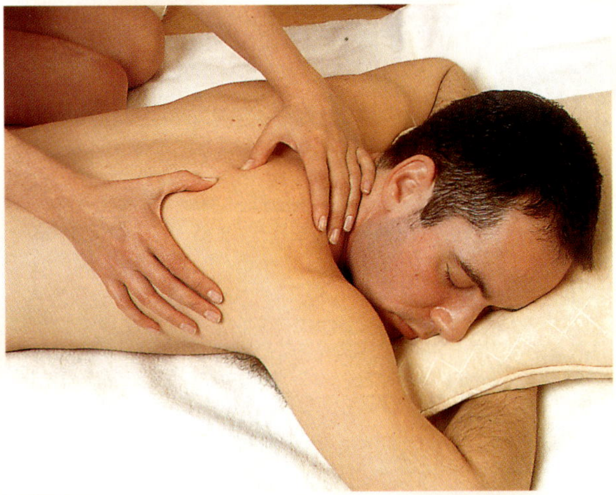

huiles de base

Les huiles de base sont nécessaires pour y mélanger vos huiles essentielles, de sorte que vos mains glissent en douceur sur le corps de votre partenaire.

Pour permettre à vos mains de glisser doucement sur les contours du corps sans mouvements saccadés, vous aurez besoin d'une huile de base. Votre huile de base, ou végétale, d'arachide ou de grains, devrait être pressée à froid, non raffinée et exempte d'additifs. Ces huiles contiennent vitamines, minéraux et acides gras, ce qui leur permet de nourrir la peau et d'être absorbées facilement. N'utilisez pas d'huiles minérales, comme l'huile de bébé, qui pénètrent mal et ont tendance à boucher les pores. Elles n'ont pas les qualités vivantes des huiles végétales et peuvent servir de barrière.

Il existe une grande variété d'huiles de base sur le marché. Les plus légères, comme l'huile d'amande douce, de noyau d'abricot, de noyau de pêche, de pépins de raisins, de carthame, de tournesol ou de soya, sont les plus appropriées au massage et peuvent être utilisées à 100 %. Les huiles plus épaisses et plus riches comme le jojoba, la poire d'avocat et le germe de blé sont trop lourdes et visqueuses pour être utilisées seules, bien qu'elles puissent être ajoutées, en petites quantités, pour améliorer l'absorption tout en nourrissant la peau. Évitez les huiles de base à l'arôme puissant comme l'huile de sésame ou de noix.

Voici un bref aperçu de quelques-unes des huiles de base les plus utilisées. Ces huiles peuvent être utilisées à 100 % comme huiles de base.

Huile d'Amande Douce

Sans doute l'huile de base la plus largement utilisée: la favorite de Joséphine Bonaparte et de l'industrie cosmétique. Hautement recommandée pour sa grande capacité d'absorption, elle ne dégage pas d'odeur forte et n'est ni épaisse, ni lourde.
Contenu: riche en vitamines incluant la vitamine E et les acides gras.
Usage: tous les types de peau, particulièrement la peau sèche et sensible, souffrant d'inflammation ou vieillie prématurément. Bonne pour les démangeaisons de la peau.

L'huile d'amande douce est sans contredit la plus populaire des huiles de base.

HUILE DE NOYAU D'ABRICOT

Une huile pâle et jaunâtre semblable à l'huile d'amande douce quoique plus chère à l'achat, parce qu'on en produit moins.
Contenu: vitamines, minéraux et acides gras.
Usage: tous les types de peau, surtout sèche et sensible. Idéale comme huile pour le visage ou comme hydratant naturel, parce qu'elle aide à nourrir et à régénérer la peau.

Les huiles suivantes peuvent être ajoutées, si désiré, en petites quantités (environ 10 %):

JOJOBA

Une huile jaune épaisse, très pénétrante, utilisée par l'industrie cosmétique dans les mélanges pour la peau et pour les cheveux. Chère à l'achat, mais elle vaut l'investissement.
Contenu: protéines, minéraux, vitamines et une substance cireuse qui imite le collagène.
Usage: tous les types de peau: eczéma, psoriasis et maladies de peau.

HUILE DE POIRE D'AVOCAT

Une huile d'un vert foncé et riche. Si elle est jaune, c'est qu'elle a été raffinée, alors ne l'achetez pas. Elle est très visqueuse et pénétrante.
Contenu: vitamines A, B et D, lécithine, acides gras.
Usage: très nourrissante. Idéale pour la peau sèche, déshydratée et mature.

Assurez-vous que l'huile d'avocat est d'un vert foncé: ne l'achetez pas si elle est jaune.

HUILE DE GERME DE BLÉ

Une huile riche, d'un orange marron, très nourrissante, mais avec une odeur marquée.
Contenu: vitamine E, protéines, minéraux.
Usage: ajoutée comme antioxydant et préservatif pour prolonger la vie d'un mélange. Bonne pour les peaux sèches et craquelées, matures, eczémateuses et psoriasitiques. Prévient les vergetures et le vieillissement prématuré de la peau.

L'ajout d'huiles essentielles à votre huile de base est une excellente façon d'améliorer votre traitement.

La vitamine E contenue dans l'huile de germe de blé la rend particulièrement efficace dans le soulagement des peaux irritées ou sèches.

LISTE DE VÉRIFICATION

Ce qu'il vous faut pour un massage sensuel:

- Paix et tranquillité
- Une pièce bien chauffée
- Un éclairage tamisé/des bougies
- Un duvet épais, un sac de couchage, des couvertures ou un futon pour créer une surface ferme et bien rembourrée
- Un brûleur à l'huile si vous en possédez un
- Des serviettes
- Des coussins et des oreillers
- Une huile de base/des huiles essentielles
- Un petit bol ou une bouteille à bec verseur

utiliser des huiles
essentielles érotiques

Les huiles essentielles peuvent grandement améliorer un massage sensuel et augmenter l'excitation. La combinaison du toucher et des arômes est très puissante. Toutefois, il est vital de vous rappeler que les huiles essentielles pures sont hautement concentrées et ne devraient JAMAIS être appliquées sans avoir été diluées. Elles doivent être mélangées à une huile de base convenable, dans une dilution appropriée. Suivez les instructions que voici:

- 3 gouttes d'huile essentielle pour 10 ml d'huile de base
- 4 à 5 gouttes pour 15 ml d'huile de base
- 6 gouttes pour 20 ml d'huile de base

Une cuillerée à thé contient approximativement 5 ml et un massage sensuel complet ne devrait jamais requérir plus de 4 cuillerées à thé d'huile de base (c'est-à-dire 20 ml). Ne soyez pas tenté d'utiliser une plus grande quantité d'huile essentielle. Cela ne rendra pas le mélange plus efficace et pourrait entraîner un effet secondaire déplaisant comme une réaction cutanée.

Pour commencer, choisissez seulement UNE des 15 huiles essentielles mentionnées. Quand vous aurez mélangé votre philtre d'amour, faites-en pénétrer une petite quantité sur la main de votre partenaire et sentez-le. Si l'arôme vous plaît à tous les deux, alors utilisez-le: si chacun de vous apprécie l'arôme obtenu, il aura l'effet désiré. Aucune huile essentielle en particulier ne convient à tous. Les préférences en matière de parfums sont affaire de goût. Quand vous posséderez plusieurs huiles essentielles, essayez d'en mélanger deux ensemble pour créer votre propre recette spéciale.

D'Autres Façons d'Utiliser les Huiles Érotiques

Il y a de nombreuses manières d'utiliser les huiles essentielles. Voici quelques-unes des techniques les plus simples et les plus efficaces pour vous et votre partenaire.

BAIN: Remplissez la baignoire et mettez-y 6 gouttes de l'huile que vous aurez choisie, non diluée. Mélangez soigneusement puis fermez la porte de la salle de bain pour que les précieuses vapeurs ne puissent s'échapper. Laissez-vous tremper dans ce bain et envelopper par les arômes qui s'en dégagent. Pourquoi ne pas entourer la baignoire de bougies vacillantes et inviter votre partenaire à vous y rejoindre?

BIDET ET BAIN DE SIÈGE: Les bains de siège sont hautement bienfaisants dans les cas de cystite, de pertes vaginales, de mycose, etc. Ils sont également inestimables pour vous protéger contre les infections et les virus. Ajoutez tout simplement 6 gouttes d'huile essentielle dans un bidet ou un grand contenant d'eau à la température de vos mains. Agitez bien et assoyez-vous dedans pendant environ 10 minutes.

SENTEUR: Parfumer la pièce avec des huiles essentielles aide à créer un environnement sensuel parfait.

Les huiles dont il est question dans le présent répertoire apparaissent par ordre alphabétique sous leur nom latin.

La combinaison du toucher et des arômes est irrésistible et accroît le plaisir sensuel.

ENCENS

Nom latin : *Boswellia thurifera*
Famille : burséracées
Note : de fond
Méthode d'extraction : distillation à partir de la gomme sur l'écorce de l'arbre

Indice de sensualité

L'arôme de tête persistant de l'encens procure un effet d'élévation, en même temps qu'un effet calmant sur les émotions. C'est une huile de changement et de soulagement, qui élimine doucement les vieux traumatismes et sentiments d'anxiété. Quelquefois, même après qu'une relation a pris fin, l'un ou les deux amoureux peuvent s'accrocher à un souvenir et nourrir des sentiments de profonde tristesse, de regret, de culpabilité ou d'échec. Il est indispensable de couper les liens avec une ancienne relation avant de s'engager dans une nouvelle aventure, si vous voulez qu'elle réussisse. Les difficultés rencontrées avec un partenaire, si elles sont laissées irrésolues, vont refaire surface et créer des problèmes. L'encens est l'huile des éclaircissements, elle permet aux émotions bien enfouies de refaire surface et de s'estomper.

L'encens est une huile essentielle profonde et mystérieuse que les Égyptiens privilégiaient il y a des milliers d'années. Elle est idéale pour faire revivre la passion dans une relation qui a perdu son charme. S'il se sert de l'encens, il n'y a aucune raison pour qu'un couple d'amoureux éprouve de l'ennui.

Autres usages

- Infections urinaires, cystite, mycose, règles douloureuses, règles peu ou trop abondantes.
- Excellente pour les soins de la peau, parce que ses propriétés rajeunissantes préviennent le vieillissement, revitalisent la peau mature et peuvent même atténuer les rides. Ajoutez-en quelques gouttes à votre crème hydratante ou à un pot de crème organique pure pour la peau.

Contre-indications

Aucune.

YLANG-YLANG

Nom latin: *Canaga odorata*
Famille: annonacées
Note: de fond
Méthode d'extraction: distillation des fleurs fraîchement cueillies

Indice de sensualité

Le ylang-ylang est reconnu pour ses propriétés aphrodisiaques. En Indonésie, on en répand les fleurs dans le lit des nouveaux mariés. Il dissipe toutes les appréhensions que pourrait avoir le couple et crée un sentiment d'euphorie.

Cette huile est profondément relaxante et est excellente pour relâcher l'anxiété et la tension. La colère, qui s'est manifestée à la suite des frustrations de la journée, peut rapidement être freinée et relâchée.

Les peurs peuvent être soulagées par un massage sensuel avec l'huile essentielle de ylang-ylang. Cette huile est précieuse pour les femmes qui ont une certaine peur de l'intimité due à l'inexpérience ou à des traumatismes passés. Elle fait fondre les peurs en laissant émerger un profond sentiment de relaxation.

Son arôme est excessivement exotique, sucré et érotique, et le ylang-ylang sert abondamment dans la parfumerie de luxe. Si vous en mettez dans votre huile de massage sensuel, pourquoi ne pas en faire une double recette pour l'utiliser après coup comme huile de parfum et attirer ainsi votre amant ou votre amante.

Autres usages

La peau: tous les soins de la peau, plus particulièrement la peau grasse. Le ylang-ylang aide également la pousse des cheveux: quelques gouttes dans votre eau de rinçage final laissera un arôme sensuel persistant.

Contre-indications

Faites attention de ne pas excéder la dose recommandée, ou l'arôme de tête du ylang-ylang pourrait vous causer des maux de tête.

Bois de Cèdre

Nom latin: *Cedrus atlantica*
Famille: pinacées
Note: de fond
Méthode d'extraction: distillation du bois

Indice de sensualité

Le délicieux arôme de bois de cette huile essentielle vous permettra, à vous et à votre partenaire, de vous détendre tranquillement après une journée stressante. Cette huile calmante et apaisante est bénéfique pour tous les états de tension et aide à vous débarrasser de la colère et des frustrations.

L'huile de bois de cèdre est un choix populaire autant pour les hommes que pour les femmes, et elle est particulièrement pratique pour prolonger les préliminaires. C'est une huile sédative qui aide à retrouver la paix de l'esprit et elle vous permettra à tous deux de faire l'expérience d'une totale relaxation, du bien-être et de la satisfaction.

Autres usages

Recommandée pour l'appareil urinaire, elle réduit les sensations de brûlure et de démangeaison qui peuvent apparaître dans les cas de pertes ou d'infections vaginales. Laissez tomber 4 à 5 gouttes d'huile de bois de cèdre dans un contenant ou un bidet d'eau tiède, et assoyez-vous dans cette préparation pendant environ 10 minutes pour un maximum de résultats.

Contre-indications

- Évitez d'utiliser pendant la grossesse.
- Évitez le bois de cèdre du Texas et de la Virginie, qui rend la peau plus sensible.

NÉROLI OU FLEUR D'ORANGER

Nom latin: *Citrus aurantium var. amara*
Famille: rutacées
Note: de fond
Méthode d'extraction: distillation des fleurs

Indice de sensualité

Le délicieux parfum sucré et floral de cette huile en fait un choix populaire (quoique coûteux) d'aphrodisiaque. Les fleurs d'oranger furent traditionnellement utilisées pour composer les bouquets de mariage, afin de dissiper toute appréhension nerveuse précédant la nuit de noces. À cause de son arôme exquis, l'huile de néroli sert abondamment dans la parfumerie de grande classe.

Cette huile est l'un des remèdes les plus efficaces pour les troubles émotionnels et peut aider à traiter tous les problèmes reliés au stress. Elle peut même contrer les crises d'angoisse. Pour celui ou celle qui a très peur ou qui éprouve une aversion pour tout contact corporel ou avance sexuelle, l'huile de fleur d'oranger est le choix rêvé. S'il y a eu abus, la terreur peut mener à la frigidité et à des émotions négatives comme la culpabilité. Cette huile peut guérir les cicatrices émotionnelles et instaurer un sentiment de confiance et d'euphorie.

Autres usages

Soins de la peau: Tous les types de peau, mais particulièrement les peaux sensibles et matures. L'huile de néroli rajeunit et fait des merveilles pour les rides. Elle peut aussi aider à prévenir les vergetures et à atténuer les cicatrices.

Contre-indications

Aucune.

BERGAMOTE

Nom latin: *Citrus bergamia*
Famille: rutacées
Note: de fond
Méthode d'extraction: on l'extrait de la peau du fruit

Indice de sensualité

La bergamote possède un merveilleux arôme d'agrume sucré et rafraîchissant. Son effet sur les émotions est puissant: elle donne du tonus à l'esprit et réduit les états dépressifs et négatifs. Elle aidera à inspirer confiance et stimulera ceux qui ont peu d'appétit sexuel.

L'huile essentielle de bergamote permet de soigner les vieilles blessures et vous aidera à ouvrir votre cœur à votre partenaire. Elle est idéale dans les cas de relations naissantes, où l'un des amoureux ou les deux se remettent encore des effets secondaires néfastes de leurs relations précédentes.

Elle est aussi d'une aide précieuse pour les couples que les ébats sexuels excitent moins qu'au début. Servez-vous-en pour ajouter une nouvelle étincelle dans votre vie amoureuse.

Autres usages

La bergamote a une très forte affinité avec le système génito-urinaire et est inestimable pour le soulagement et la prévention des cystites, pertes vaginales et maladies transmises sexuellement, comme l'herpès. Ajoutez-en 4 à 6 gouttes dans un contenant d'eau chaude ou un bidet, mélangez bien et asseoyez-vous dans cette préparation pendant 10 minutes. Répétez la procédure au moins deux fois par jour jusqu'à ce que l'infection se soit calmée.

Contre-indications

Étant donné qu'elle augmente la photosensibilité de la peau, il est préférable de ne pas appliquer la bergamote au moment du bronzage.

JASMIN

Nom latin: *Jasminum officinale*

Famille: oléacées

Note: de fond

Méthode d'extraction: par dissolution des fleurs

Indice de sensualité

On parle souvent du jasmin comme de la reine des huiles essentielles. Elle révélera le séducteur ou la séductrice en vous. La femme au jasmin est attrayante, elle rayonne de confiance et d'éclat et l'homme ne peut lui résister. Le jasmin aide à faire affluer tous les désirs sexuels refoulés et compte parmi les plus célèbres aphrodisiaques.

L'arôme de tête exquis et exotique du jasmin ranime à merveille l'optimisme, la confiance et l'euphorie. Bien que très coûteux, il vaut la dépense. Faites-vous plaisir et laissez tomber vos inhibitions!

Quand il y a baisse de libido, le jasmin peut aider à remédier à la frigidité et à l'impuissance. Il aide aussi à renforcer les organes sexuels mâles et peut être très utile pour les problèmes comme l'éjaculation précoce.

Le jasmin est excellent pour les problèmes d'infertilité. Non seulement aide-t-il à soulager le stress et l'anxiété (qui entourent le désir de grossesse), il augmente également la production de sperme.

Autres usages

- Naissance: le jasmin atténue la douleur, facilite l'accouchement, prévient la dépression postnatale et améliore la production de lait maternel.
- Atténue vergetures et cicatrices.

Contre-indications

Aucune.

MYRTE

Nom latin: *Myrtus communis*
Famille: myrtacées
Note: de cœur
Méthode d'extraction: par distillation des feuilles, des tiges et des fleurs

Indice de sensualité

Dans la mythologie grecque, Aphrodite, la déesse de l'Amour, choisit des branches de myrte pour cacher son corps nu. Il est d'ailleurs fascinant de constater que les feuilles d'un plant de myrte ont la forme d'un vagin. Il y a des centaines d'années, le Kama Sutra semblait indiquer que le myrte pouvait être utilisé pour stimuler le désir sexuel; qu'il donnait à la femme la faculté d'entrer en contact avec l'énergie de la déesse Aphrodite à travers son énergie sensuelle amoureuse.

Mettez 6 gouttes dans un bain pour provoquer non seulement le désir sexuel, mais aussi un sentiment de calme. Le myrte fait tomber colère et frustration et aide à vous sentir vraiment en contrôle de votre propre sexualité. Cette huile essentielle inspirante permet à une femme de reconnaître ses désirs sexuels, et lui donne la capacité de les exprimer.

Le myrte est excellent pour stimuler le système immunitaire et peut offrir une protection additionnelle contre les maladies sexuelles.

Autres usages

- Soins de la peau: au XVIe siècle, le myrte était un ingrédient majeur dans la composition de « l'eau des anges », utilisée comme lotion tonique et astringente.
- Rhumes, toux et grippe; pour masser la poitrine et le dos.

Contre-indications

Aucune.

GÉRANIUM

Nom latin: *Pelargonium graveolens*
Famille: géraniacées
Note: de cœur
Méthode d'extraction: par distillation des fleurs, des feuilles et des tiges

Indice de sensualité

Les propriétés équilibrantes du géranium sont particulièrement bénéfiques pour les femmes, qui prisent cette huile essentielle. C'est une huile parfaite pour tous les problèmes féminins, surtout pour le syndrome prémenstruel et l'infertilité, mais aussi pour dissiper anxiété et appréhensions.

Elle peut être utile au début d'une relation, alors que les deux amants sont nerveux concernant ce qui les attend. Si l'un d'entre eux a récemment vécu une séparation ou qu'il s'est senti rejeté, les propriétés de guérison du géranium pourront contribuer à soulager ses vieilles blessures et à lui redonner confiance.

Dans une relation houleuse, le géranium est excellent pour créer un sentiment d'harmonie entre les sexes. En établissant une atmosphère de paix et de contentement, il calme la colère, la frustration et l'agressivité.

Autres usages

- Varices.
- Excellent pour tous les types de peau: grasse, sèche ou mixte. Ajoutez-en quelques gouttes à votre crème hydratante.

Contre-indications

Aucune.

POIVRE NOIR

Nom latin: *Piper nigrum*
Famille: pipéracées
Note: de cœur
Méthode d'extraction: par distillation des grains de poivre, séchés et écrasés

Indice de sensualité

L'arôme épicé, chaud et âcre du poivre noir est idéal pour éveiller et augmenter l'appétit sexuel. C'est l'une des huiles essentielles les plus efficaces pour réduire les problèmes d'impuissance et pour stimuler l'énergie sexuelle mâle. L'impuissance est un problème que rencontrent la majorité des hommes à une certaine époque de leur vie. Elle peut être due à la tension, à un surmenage physique ou émotionnel ou à un manque de confiance. L'arôme poivré stimulera à la fois le corps et l'esprit. Le poivre noir a la capacité de redonner force et endurance et peut donc être très utile dans les cas d'éjaculation précoce.

Autres usages

- Mauvaise circulation du sang.
- Toutes les douleurs musculaires.
- Les problèmes reliés à la digestion, comme la constipation. Massez le ventre dans le sens des aiguilles d'une montre lorsque nécessaire.

Contre-indications

Aucune.

PATCHOULI

Nom latin: *Pogostemon cablin*
Famille: labiatées
Note: de fond
Méthode d'extraction: par distillation des feuilles

Indice de sensualité

Préféré des « hippies » qui préconisaient l'amour et la paix, le patchouli était extrêmement populaire dans les années 1960. La plupart des gens soit adoreront ou détesteront son puissant arôme de terre et de moisi. Comme un bon vin, le patchouli s'améliore avec le temps.

Cette huile est reconnue pour sa capacité de traiter l'impuissance et tout spécialement la frigidité, bien qu'il faille d'abord en vérifier l'arôme: si vous n'aimez pas cette senteur, elle ne pourra pas, de toute évidence, vous stimuler. Le patchouli convient particulièrement aux femmes qui présentent peu d'enthousiasme sexuel et peut aider celles qui n'ont jamais atteint l'orgasme.

Le patchouli est entouré de mystère et peut aider les couples qui sont dans une impasse en insufflant de la créativité dans leur relation sensuelle. Le sexe est une aventure sans fin qui vous réserve toute une gamme de nouvelles expériences.

Les propriétés antifongiques et antiseptiques du patchouli en font une huile idéale pour les infections vaginales et les candidoses. Mettez-en de 4 à 6 gouttes dans un bidet ou un contenant d'eau chaude et laissez-vous tremper pendant 10 minutes.

Autres usages

Soins de la peau: surtout la peau sèche, craquelée et gercée, les infections fongiques, les allergies comme l'eczéma, et les peaux matures.

Contre-indications

Aucune.

BOIS DE ROSE

Nom latin: *Aniba rosæodora*
Famille: lauracées
Note: de cœur
Méthode d'extraction: par distillation des copeaux de bois

Indice de sensualité

L'arôme de bois floral et sucré du bois de rose peut apporter paix et tranquillité à un esprit en déroute. Il fait des merveilles comme antidépresseur, améliorant à la fois le moral et le physique et dissipant léthargie et surmenage. Après une journée stressante, un massage sensuel à l'huile essentielle de bois de rose est la manière parfaite de lâcher prise et de retrouver l'humeur idéale pour une soirée de passion.

Le bois de rose est un remarquable aphrodisiaque qui aide à combattre et la frigidité et l'impuissance. La touche épicée de cet arôme peut donner un regain de vigueur à une relation qui bat de l'aile, en ravivant les sentiments sensuels.

Cette huile essentielle est également inestimable pour dissiper les blocages émotionnels. Quand l'un ou l'autre des partenaires (ou les deux) a subi l'abandon dans une relation précédente, il se peut qu'il érige des barrières pour se protéger contre des rejets ou des traumatismes futurs. Le bois de rose peut aider à faire tomber ces barrières.

Autres usages

- Stimule le système immunitaire.
- Tous les soins de la peau. Le bois de rose rajeunit la peau. Ajoutez-en quelques gouttes à votre crème hydratante pour prévenir le vieillissement et éliminer les rides.

Contre-indications

Aucune.

ROSE

Nom latin: *Rosa damascena/centifolia*
Famille: rosacées
Note: de fond
Méthode d'extraction: par distillation des pétales frais

Indice de sensualité

On parle souvent de la rose comme de la « Reine des huiles essentielles ». La tradition l'associe à Vénus, la déesse de l'Amour et de la beauté. Cette huile, malheureusement le plus souvent sous forme synthétique, se retrouve dans à peu près tous les parfums féminins et dans presque 50 % des parfums masculins. Sa réputation comme aphrodisiaque est sans pareil.

La profonde senteur florale, riche et sucrée de l'huile de rose captivera toutes les femmes. Quoique coûteuse, elle en vaut la dépense. C'est une pratique courante d'envoyer une douzaine de roses pour exprimer son amour, mais un petit flacon d'huile essentielle de rose durera plus longtemps et procurera encore plus de plaisir. Méfiez-vous toujours de l'huile de rose bon marché: elle est synthétique et n'aura pas les effets escomptés.

La rose a un effet marqué sur les émotions, faisant s'estomper colère et ressentiment. Elle peut dès lors être très utile pour vous débarrasser de toutes les mauvaises impressions découlant de relations passées. Grâce à elle, une femme se sentira plus féminine et positive en ce qui la concerne, aussi est-elle très utile dans les cas de manque d'estime de soi ou lorsque la femme se sent impure, comme après un viol. L'huile de rose est le plus efficace dans les cas d'infertilité. Elle prépare l'utérus à la conception et augmente la production de sperme chez l'homme.

Autres usages

- Peau: tous les types de peau, surtout sèche, mature, sensible et couperosée.
- Tous les problèmes féminins: ménopause, syndrome prémenstruel, règles peu ou trop abondantes.

Contre-indications

Aucune.

SAUGE SCLARÉE

Nom latin: *Salvia sclarea*
Famille: labiacées
Note: de cœur
Méthode d'extraction: par distillation des extrémités florales et des feuilles

Indice de sensualité

La sauge sclarée est un aphrodisiaque renommé capable d'augmenter la libido des hommes comme des femmes. L'arôme de tête sucré et enivrant de cette huile a un effet sédatif, quoique euphorisant, sur l'esprit. Il dissipe les problèmes de débilité générale, qu'ils soient physiques, mentaux, nerveux ou sexuels. Un système nerveux détendu sera toujours beaucoup plus prompt à répondre qu'un système trop anxieux. La sauge sclarée peut aider à régler les problèmes d'érection, surtout s'ils sont causés par la tension ou l'anxiété.

La sauge procure un sentiment de bien-être et d'optimisme et s'avère inestimable dans les moments difficiles. C'est une solution de rechange aux tranquillisants: 1 ou 2 gouttes aspergées sur un mouchoir puis inhalées remplaceront Valium ou Prozac.

Quand un partenaire manque d'assurance, quand il a peur ou qu'il panique et se cabre devant toutes les avances sexuelles, l'huile de sauge sclarée est excellente pour éliminer ses appréhensions.

La sauge est également efficace pour améliorer la fertilité des hommes, autant que celle des femmes.

Autres usages

- Syndrome prémenstruel, règles douloureuses ou peu abondantes.
- La sauge est un tonique pour l'utérus et aide à retrouver l'équilibre hormonal.

Contre-indications

Ne prenez pas d'alcool si vous vous servez de la sauge, parce que ce mélange peut causer des maux de tête et des cauchemars, et exagérer les effets de l'alcool.

Bois de Santal

Nom latin: *Santalum album*
Famille: santalacées
Note: de fond
Méthode d'extraction:
par distillation du bois

Indice de sensualité

On a utilisé le bois de santal partout en Orient depuis des milliers d'années. En Inde, il sert à la médecine ayurvédique et est mélangé à la rose pour parfumer « l'aytar ». Hommes et femmes trouvent le doux arôme de bois sucré de l'huile de bois de santal irrésistible, ce qui en fait un choix idéal pour le massage sensuel.

Cette huile essentielle est profondément relaxante et est renommée pour sa capacité à calmer les tensions en douceur. Lorsque l'on masse avec le santal, on a l'impression qu'il irradie une chaleur dans tout le corps et donne un sentiment de profonde satisfaction et de bien-être. C'est une huile sédative et pacifiante et elle est inestimable pour ramener l'harmonie dans une relation houleuse. Essayez-la après une dispute et voyez à quel point vous deviendrez calmes et détendus.

Le bois de santal est incroyablement séduisant et peut aider à remédier à la fois à la frigidité et à l'impuissance. Il peut augmenter la réceptivité et mener votre vie sexuelle vers de nouveaux sommets. Vous vous sentirez tous deux si détendus que cela prolongera vos ébats amoureux et ira même jusqu'à contrer une éjaculation précoce. L'huile de bois de santal est l'une des meilleures à utiliser pour les infections génito-urinaires. Mettez-en 4 à 6 gouttes dans un bain de siège ou un contenant d'eau chaude pour prévenir les infections.

Autres usages

Peau: particulièrement bonne pour la peau sèche et craquelée. On peut la mélanger avec une huile de base pour réussir une excellente lotion après-rasage.

Contre-indications

Aucune.

GINGEMBRE

Nom latin : *Zingiber officinale*
Famille : zingibéracées
Note : de tête
Méthode d'extraction : par distillation de la racine séchée non pelée

Indice de sensualité

L'huile essentielle de gingembre est certainement celle qui ajoutera du piquant à votre vie amoureuse. Si vous vous ennuyez ou si vous sentez que vous vous enlisez dans la routine, l'arôme dynamique du gingembre apportera une tout autre dimension à votre relation.

L'huile de gingembre est l'une des meilleures pour soigner l'impuissance mâle ou une érection faible. Il arrive souvent que l'appétit soit normal et le désir de faire l'amour très fort, sans toutefois que vous en ayez la capacité physique. En l'absence de réponse sexuelle, ou lorsque l'excitation est très lente et laborieuse, le gingembre est hautement recommandé. Ses propriétés chaleureuses et enflammantes peuvent aider à contrer non seulement une incapacité physique, mais aussi la froideur ou l'indifférence sexuelle.

Le gingembre donnera du courage à l'homme, c'est pourquoi il est tout indiqué pour celui dont la confiance en soi a été ébranlée par une partenaire précédente qui lui répétait qu'il n'était « pas à la hauteur ».

Au début d'une relation, il est fréquent que l'on se sente nerveux, qu'on ait le trac. Le gingembre est un remède classique pour les nausées et aidera à régler les problèmes du système digestif et les troubles nerveux, ainsi qu'à retrouver la confiance en soi.

Autres usages

- Mauvaise circulation.
- Douleurs musculaires et autres douleurs devant être traitées, articulations froides et raides.

Contre-indications

Aucune.

préliminaires du massage sensuel

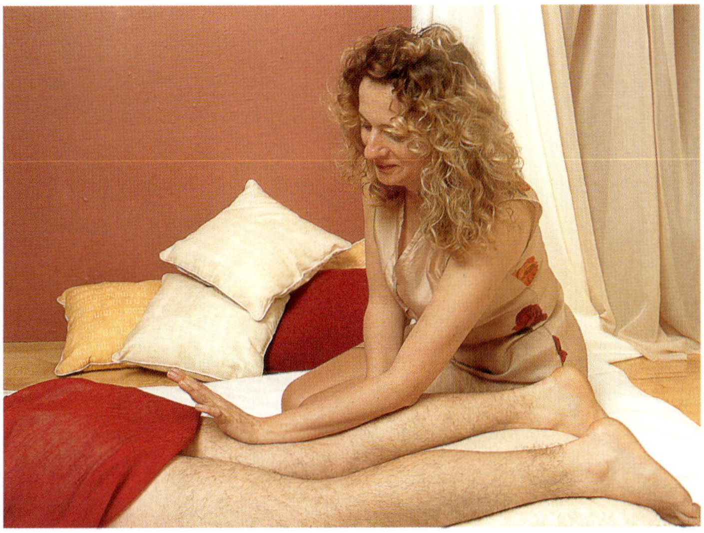

Une fois que vous maîtrisez les techniques de base du massage, amusez-vous à expérimenter vos propres mouvements.

Il existe de nombreuses techniques de massage. La magie du massage, c'est qu'il est simple et intuitif. Ces techniques de base vous permettront de prodiguer un massage sensuel complet. Une fois que vous maîtriserez ces mouvements, vous vous apercevrez que vous inventez vos propres manipulations.

Application de l'Huile

L'huile ne devrait jamais être appliquée directement sur le corps. Cela causerait un choc au système, surtout si elle est froide. Si possible, réchauffez-la avant de commencer, soit en la plaçant sur un calorifère, ou un réchaud, ou en laissant tremper la bouteille dans un bol d'eau chaude. L'huile peut être gardée soit dans une bouteille à bec verseur, ou alors vous pouvez en mettre une petite quantité dans un petit bol ou une soucoupe, mais faites attention de ne pas la renverser.

Réchauffez vos mains avant de commencer, en les frottant ensemble vigoureusement ou en les immergeant dans l'eau chaude pendant quelques minutes. Versez ensuite une petite quantité (environ 2,5 ml soit 1/2 cuillerée à thé) dans la paume de votre main. Frottez vos deux mains ensemble pour réchauffer l'huile légèrement avant de l'appliquer. Abaissez doucement vos mains et commencez à appliquer l'huile en utilisant l'un des mouvements de va-et-vient décrits dans ce chapitre.

Une fois le contact établi avec votre partenaire, ne le rompez pas, parce que vous pourriez détruire le rythme de votre massage. Idéalement, votre massage devrait être ressenti comme un flot continu de mouvements. S'il vous faut plus d'huile, veillez à assurer le contact tactile avec le corps de votre partenaire, ne serait-ce que d'une seule main.

Une erreur courante consiste à utiliser trop d'huile de base, ce qui peut faire que le receveur trouve la chose inconfortable et collante, sans parler des taches possibles sur les vêtements. Il s'avère également à peu près impossible de réussir certaines des techniques de base avec trop d'huile.

Avant que vous ne maîtrisiez les techniques de massage, voici quelques conseils élémentaires pour vous aider.

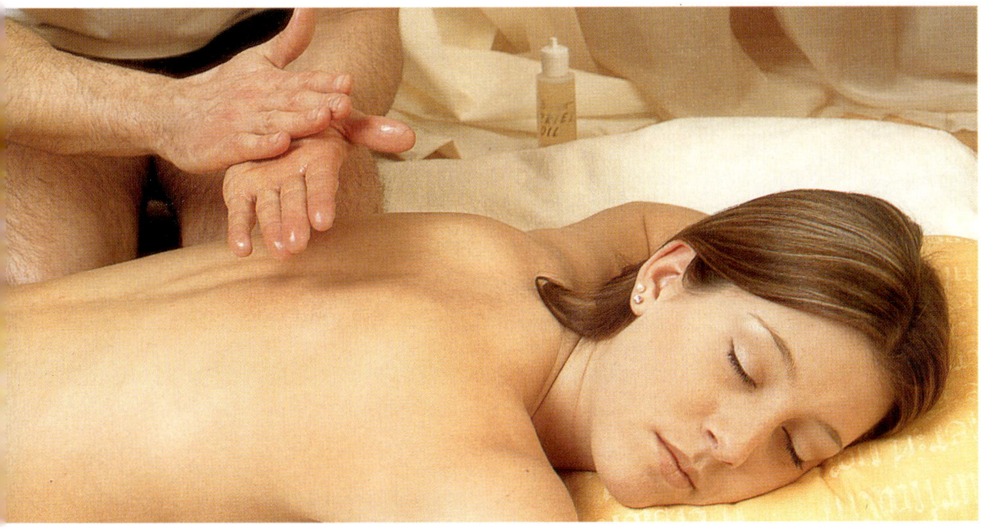

Des mains et de l'huile froides peuvent gâcher l'humeur de votre partenaire, alors prenez soin de réchauffer les deux avant de commencer.

TRUCS POUR LE MASSAGE

- Avant de commencer, trouvez votre centre d'abord de façon à être totalement détendu. Ne donnez jamais un massage lorsque vous êtes en colère, anxieux ou à bout de forces.
- Lavez et réchauffez toujours vos mains avant de commencer.
- Voyez à ce que vos ongles soient courts et propres.
- Enlevez tous vos bijoux pour éviter d'égratigner l'épiderme.
- Faites en sorte que votre massage soit ressenti comme un mouvement continu.
- Épousez les contours du corps avec vos mains.
- Quand vous donnez un massage, demandez à votre partenaire de vous dire si elle ou il apprécie un mouvement en particulier ou si certaines manipulations lui causent de l'inconfort. Le massage devrait toujours donner du plaisir. Parlez le moins possible.
- Expérimentez différentes pressions des mains: variez de léger à fort, suivant les goûts de votre partenaire. Ne mettez jamais de pression très forte sur les régions osseuses.
- Essayez différents rythmes: lent et continu ou ferme et vif.
- Travaillez les yeux fermés pour augmenter et intensifier votre sensibilité.
- Une fois le contact établi avec votre amant ou amante, veillez à ne pas le rompre. S'il vous faut plus d'huile ou que vous voulez vous déplacer d'une région du corps à une autre, veillez à maintenir le contact au moins avec une main.
- Pendant que vous massez, portez attention à votre propre posture, de manière à ne pas vous fatiguer ou vous blesser. Assurez-vous que vos épaules sont détendues, de sorte que l'énergie de guérison puisse circuler librement à travers vos mains.

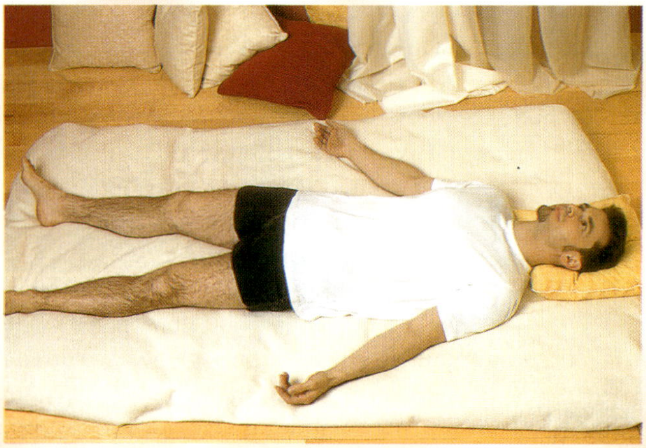

Pensez à vous centrer avant de commencer un massage, de manière à être détendu et débarrassé de toutes tensions.

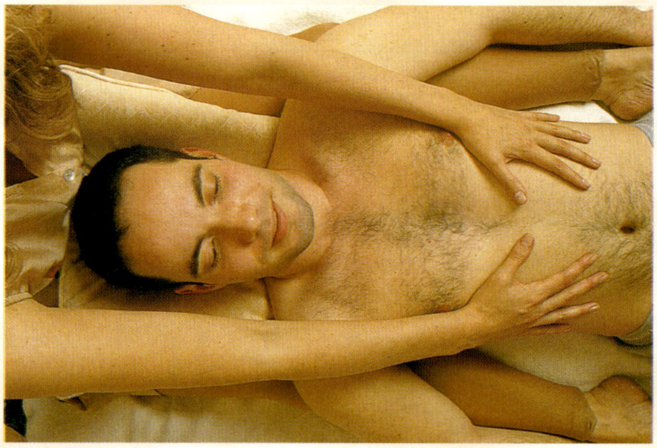

Expérimentez différentes techniques et positions pour trouver celles qui vous conviennent à tous les deux.

techniques du massage sensuel

Caresses

Les caresses sont la base même du massage sensuel. En fait, en variant les mouvements de vos caresses, vous pourriez prodiguer un massage sensuel complet, puisqu'on peut le donner sur n'importe quelle région du corps et qu'il peut varier énormément selon la vitesse ou la pression exercée.

Vos mouvements peuvent être longs ou courts, fermes ou légers, lents ou vifs. Ces variations aideront à garder l'intérêt de votre amant ou amante qui se demandera ce qui viendra ensuite.

Les caresses sont le signal du début et de la fin du massage sensuel et elles vous permettent de vous promener d'une technique à une autre. Il s'agit de mouvements profondément relaxants, qui établissent un climat de confiance et permettent à votre partenaire de se sentir amoureux et consentant. Le stress et les tensions se relâchent à mesure que les muscles se détendent, la circulation s'améliore et les toxines du corps sont éliminées.

Pour mettre cette technique en pratique, les paumes des deux mains doivent glisser sur la surface de la peau en épousant les contours de la région du corps que vous massez. Appliquez une pression constante et égale avec les paumes des mains que vous faites glisser sur tout le corps. Pour revenir à votre point de départ, vos mains doivent effleurer l'épiderme avec la légèreté d'une plume. Il existe de nombreuses techniques en ce qui a trait aux caresses. Une fois que vous les maîtrisez, l'étape qui suit tout naturellement consiste à créer vos propres caresses. Fiez-vous toujours à vos intuitions et soyez spontané.

Les caresses constituent l'un des éléments les plus importants du massage sensuel. Vous sentirez votre partenaire se détendre à mesure que s'évanouiront ses tensions.

CARESSES ÉTENDUES

Pour réaliser ce mouvement, agenouillez-vous confortablement à la tête de votre partenaire. Placez les paumes de vos mains détendues côte à côte sur ses épaules.

1

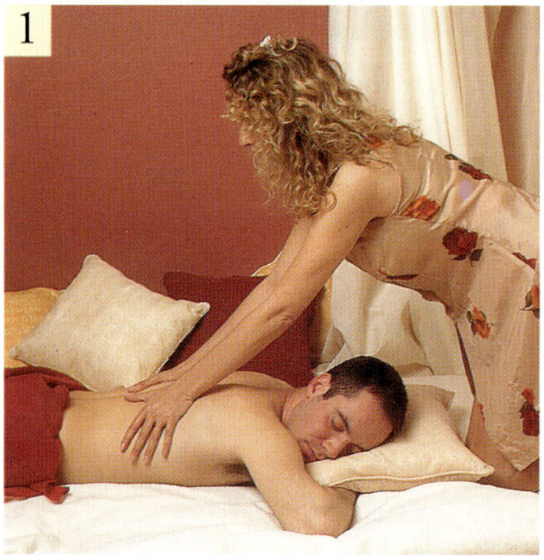

2

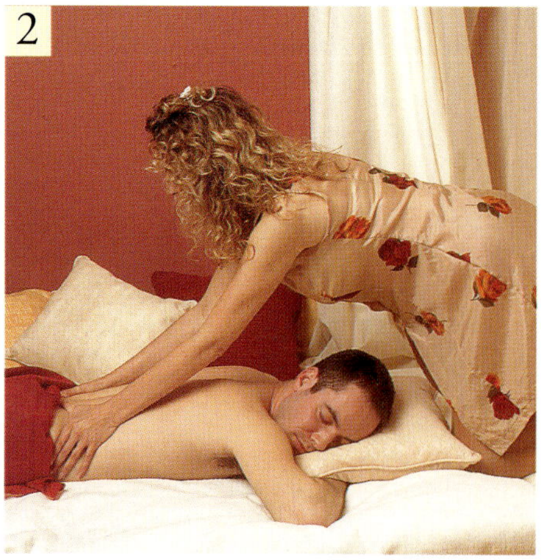

1. Caressez le dos en entier en vous servant des paumes de vos deux mains que vous faites glisser vers le bas en longeant chaque côté de la colonne vertébrale.
2. Lorsque vous atteindrez la base de la colonne vertébrale, écartez vos mains et faites-les glisser sur les fesses.

Faites ensuite glisser vos mains de manière à revenir à votre point de départ, sans exercer de pression. Pendant que vous réalisez ce mouvement, portez attention à la respiration de l'autre autant qu'à votre propre respiration. Vous vous apercevrez que vos deux respirations ont tendance à suivre le même rythme: vous inspirez et expirez en même temps que votre amant ou amante. Un lien profond et fort s'est établi.

CARESSES CIRCULAIRES
(UNE MAIN APRÈS L'AUTRE)

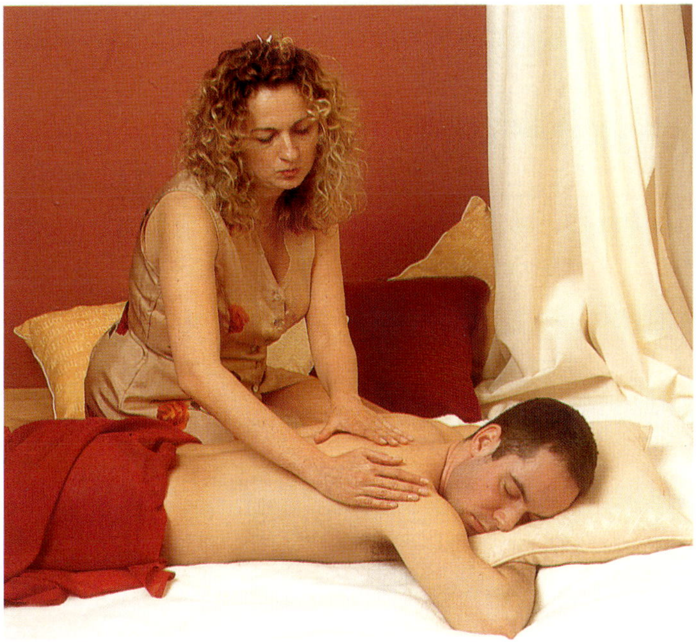

Installez-vous à côté de votre partenaire et placez vos deux mains d'un côté de son corps dans la région des omoplates. En appuyant bien avec la paume de vos mains, appliquez de larges mouvements circulaires.

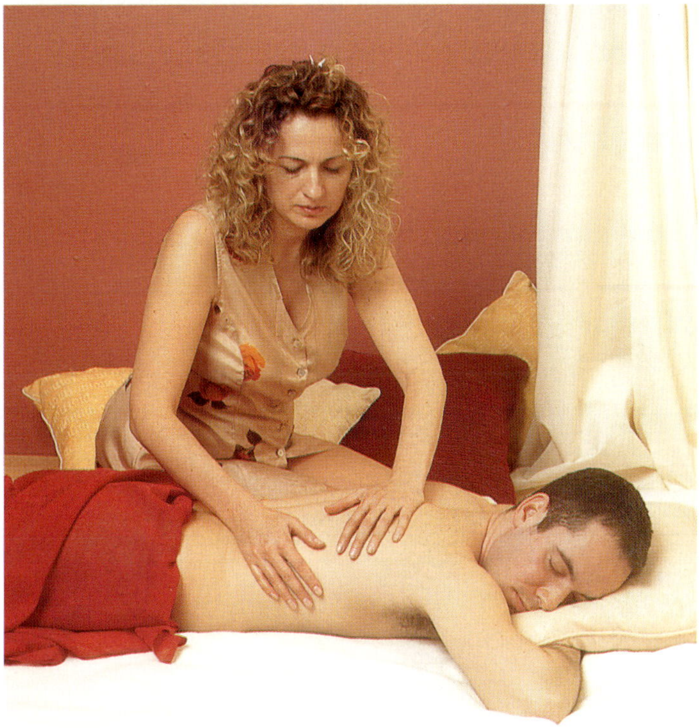

Vos mains se croiseront lorsque vous appliquerez les mouvements circulaires. Bien qu'il vous faille lever une main pour la passer par-dessus l'autre, gardez toujours le contact d'une main. Vous devez travailler tout le long du corps jusqu'aux fesses, puis revenir aux omoplates, et ainsi de suite.

CARESSES CIRCULAIRES
(UNE MAIN PAR-DESSUS L'AUTRE)

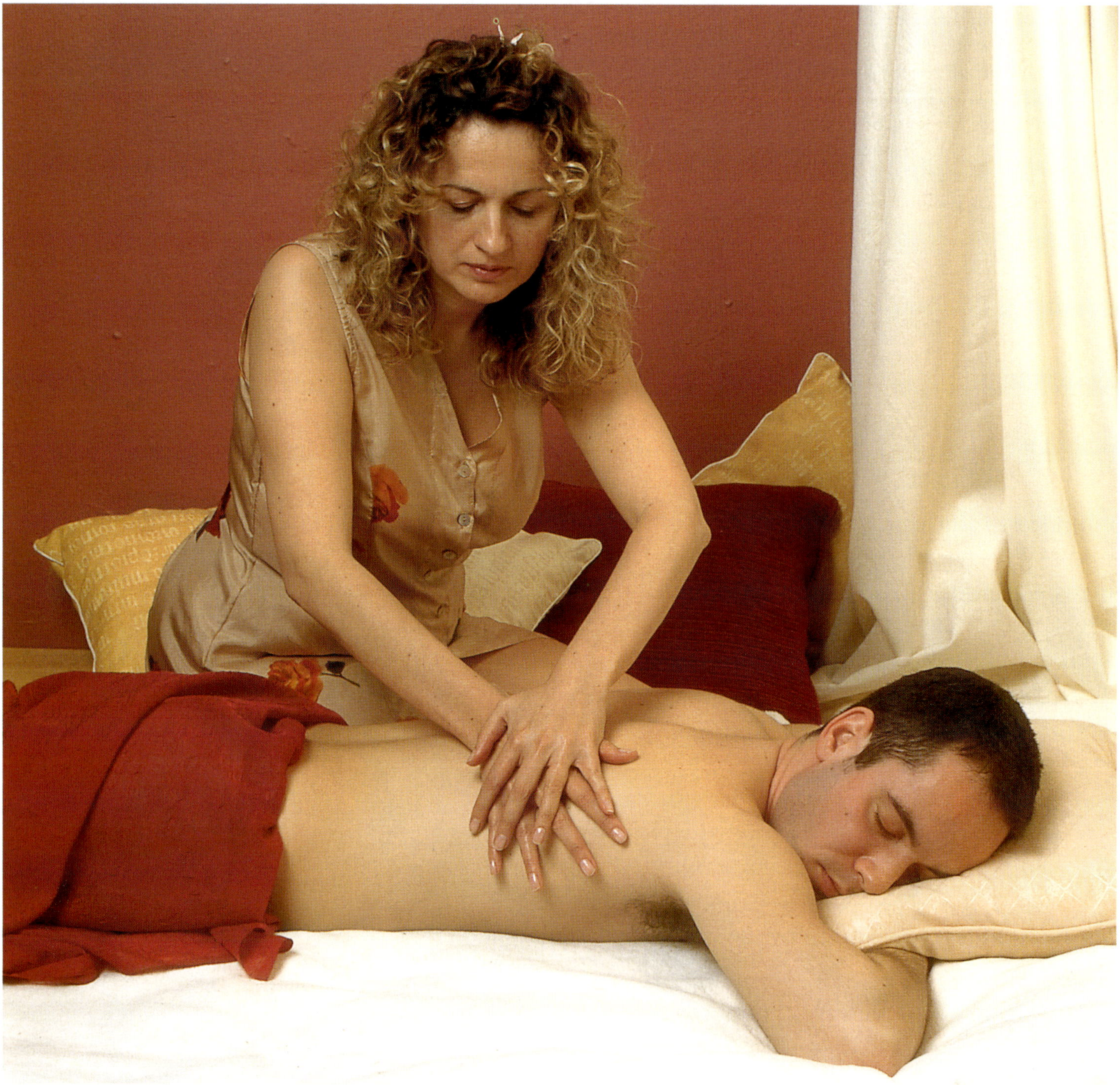

Placez le plat d'une main sur le dos de l'autre. En utilisant toute la surface de la main ouverte, imprimez de larges mouvements circulaires à partir du haut des omoplates, en descendant vers les fesses. Travaillez ensuite à partir des fesses en remontant vers les omoplates.

Caresses Circulaires
(une main par-dessus l'autre)

Installez-vous d'un côté de votre partenaire, à la hauteur des fesses. Vous pouvez aussi vous asseoir à califourchon sur elle ou lui. En commençant au haut du corps, caressez le dos lentement du bout des doigts de l'une de vos mains, en la faisant suivre de l'autre main, de manière à effleurer à peine la peau. Au moment où votre première main atteint les fesses de votre partenaire, retirez vos doigts doucement pendant que l'autre main reprend le mouvement à partir du haut.

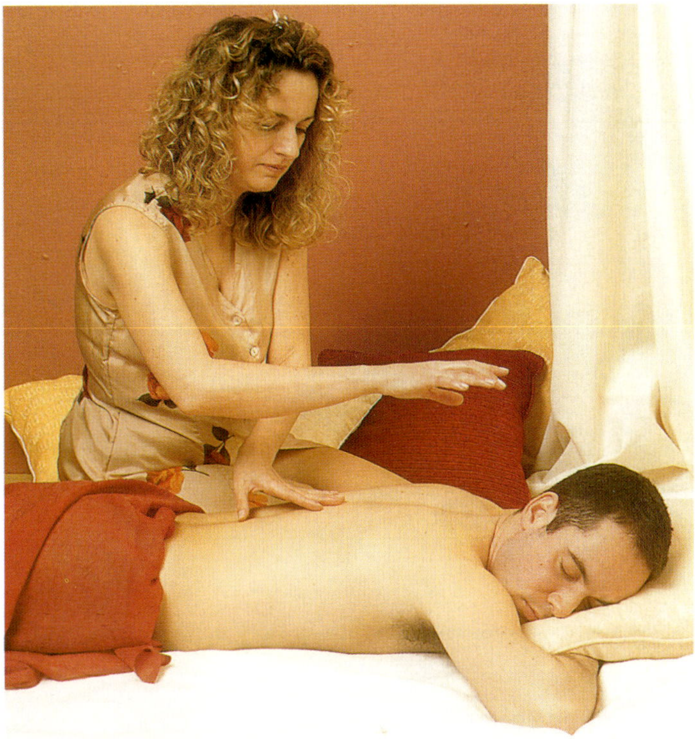

Pour quelques-unes des techniques, il se peut que vous trouviez plus confortable de vous asseoir à califourchon sur votre partenaire, question de vous rapprocher encore plus.

CARESSES DU BOUT DES DOIGTS – DES DEUX MAINS

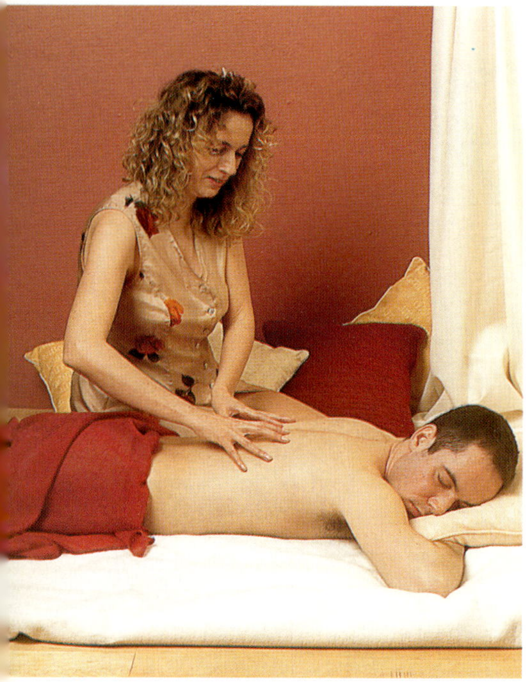

Assis dans la même position, placez doucement les deux mains, bouts des doigts pointant vers le bas, en haut des épaules de votre partenaire. Avec les deux mains, caressez le corps en descendant de chaque côté de la colonne vertébrale, en appuyant seulement du bout de vos doigts. La plupart des gens trouvent ce mouvement très érotique.

De tendres caresses appliquées avec les deux mains sont l'un des plus érotiques mouvements du massage.

CARESSES DE CHAT

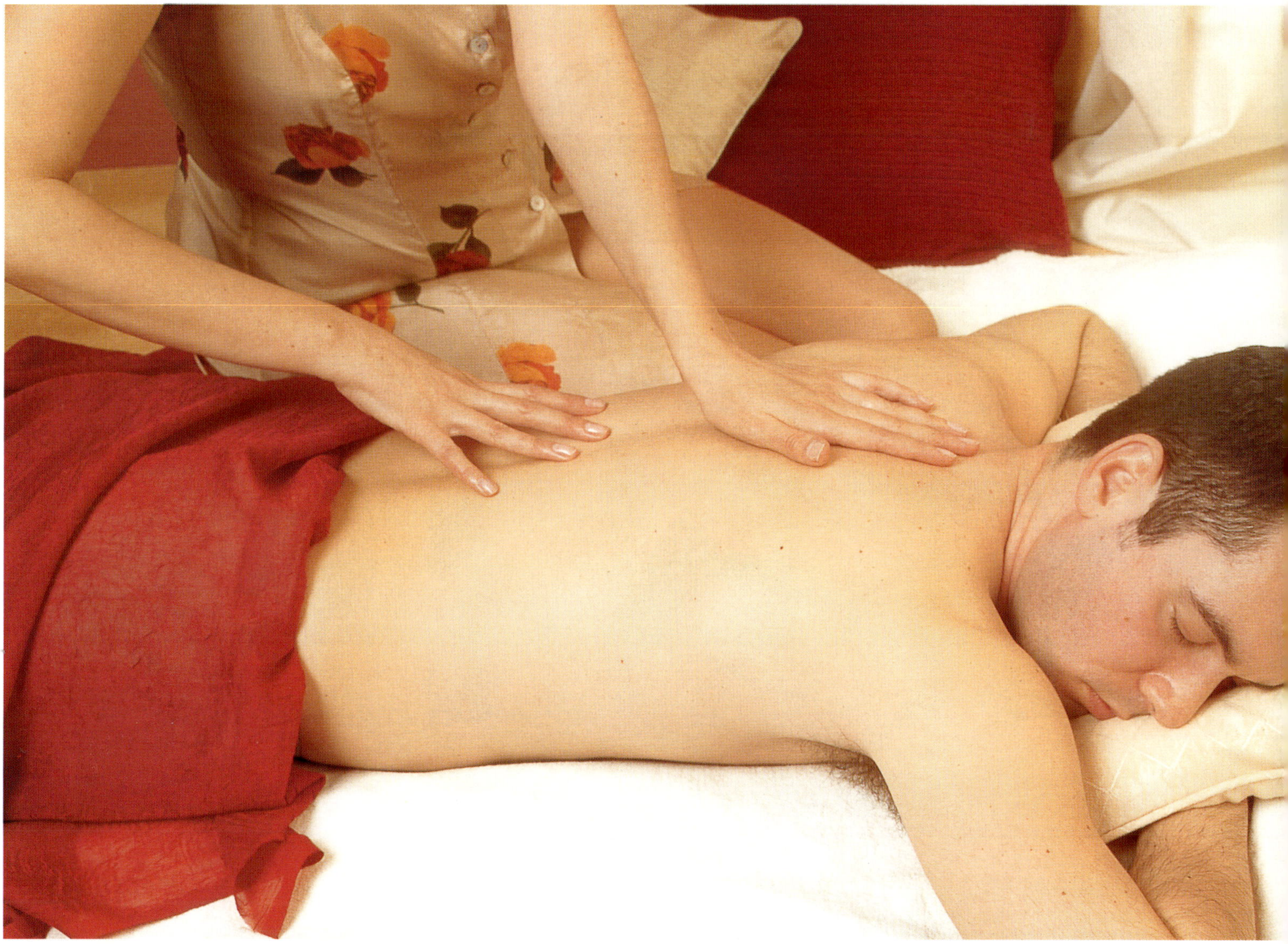

Installez-vous près de votre partenaire, à la hauteur des fesses, et placez votre paume droite sur la colonne, le bout des doigts touchant la base du cou. Caressez avec douceur jusqu'au bas du corps en n'appliquant à peu près aucune pression. Quand votre main droite atteint les fesses, relevez-la et répétez le mouvement avec votre main gauche. Exécutez ces mouvements à plusieurs reprises, une main après l'autre. Cela devrait être ressenti comme un mouvement ininterrompu.

CARESSES EN DIAGONALE

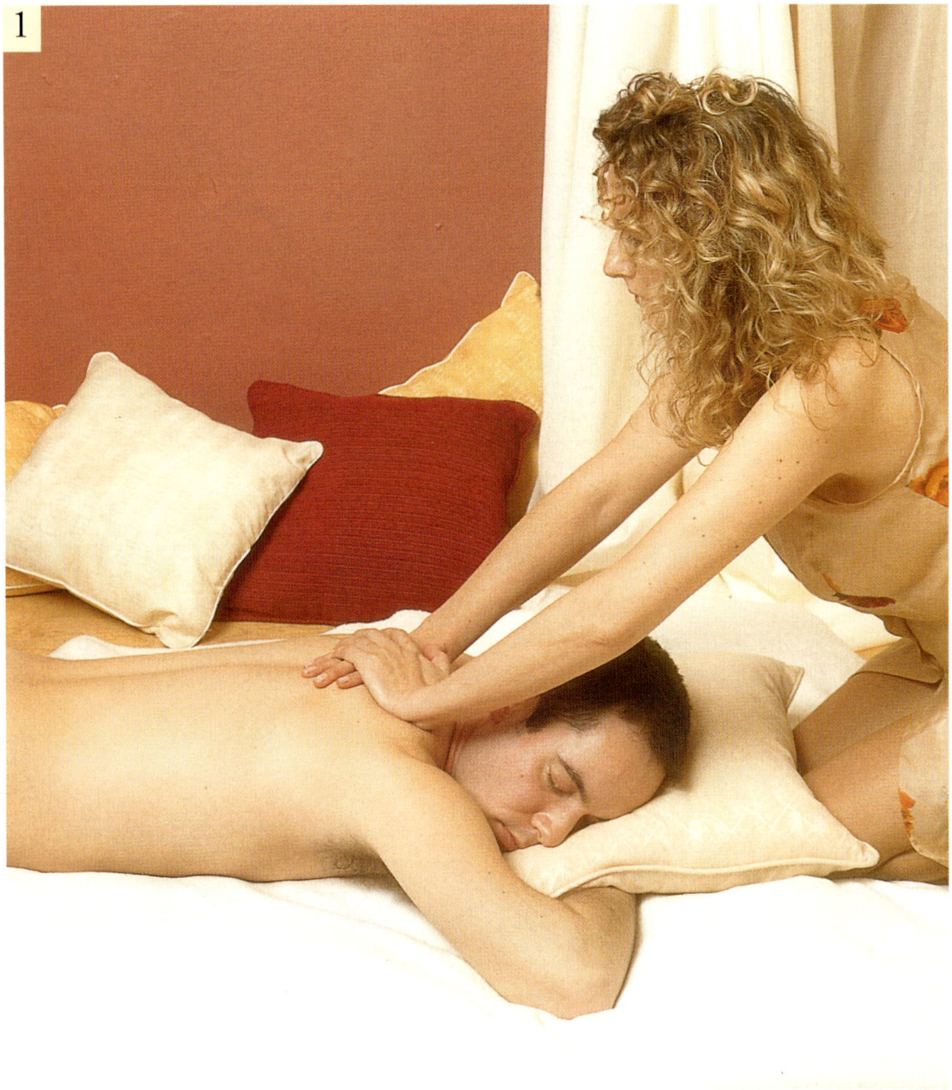

1. Agenouillez-vous à la tête de votre partenaire. Laissez reposer vos mains l'une sur l'autre à la base du cou.
2. Croisez-les lentement en les faisant glisser dans les directions contraires, de sorte que lorsqu'elles atteindront les côtés du corps, vos paumes formeront un « V ».
3. Puis ramenez-les ensemble en douceur. Répétez ce mouvement jusqu'à ce que vous atteigniez les fesses, puis remontez des fesses au cou.

CARESSES AVEC LE REVERS DES MAINS

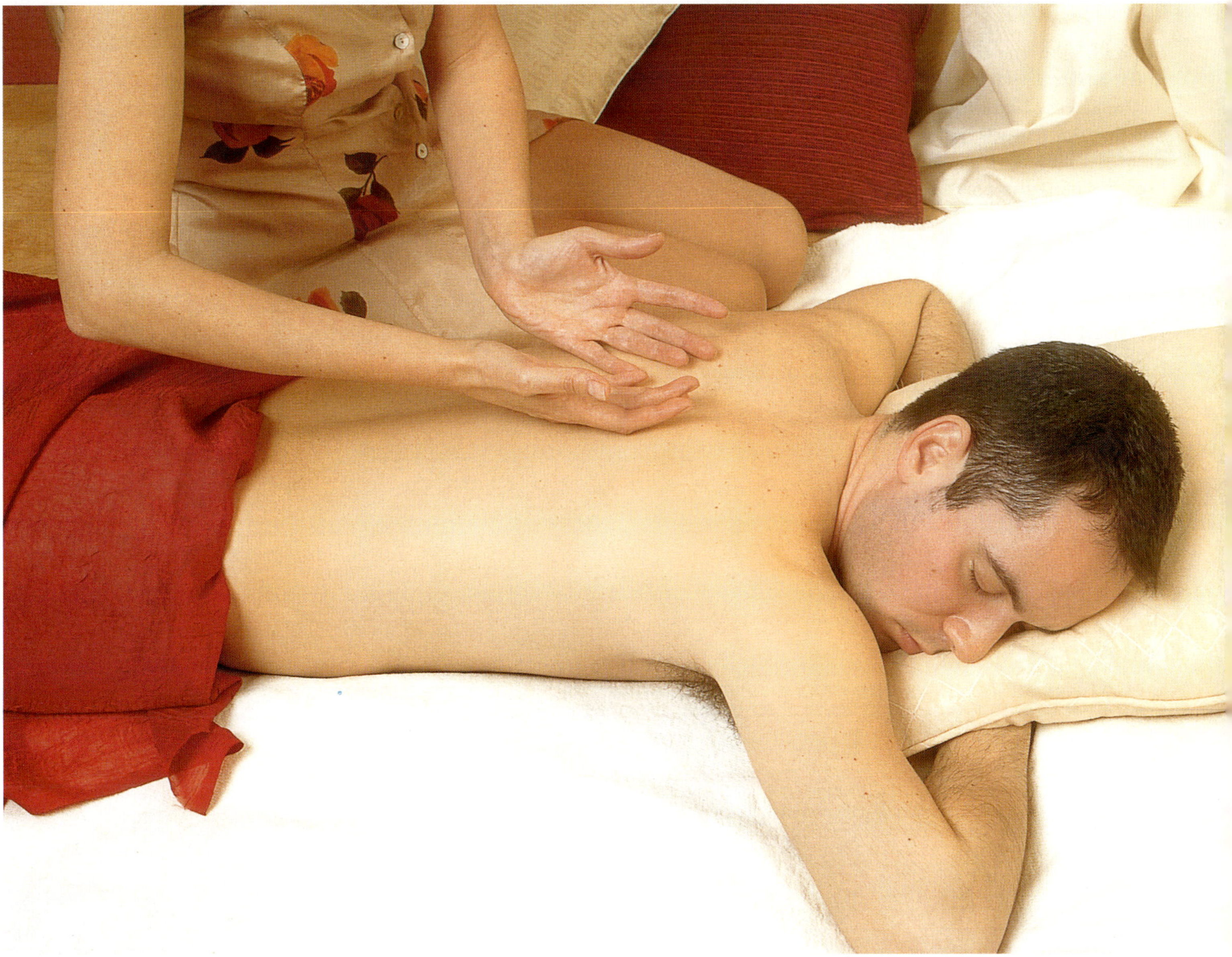

Installez-vous d'un côté de votre partenaire ou assoyez-vous à califourchon sur lui ou elle. Placez le revers de vos mains sur le haut du corps, une main de chaque côté de la colonne vertébrale, et descendez-les doucement. Quand vos mains toucheront les fesses, remontez en glissant jusqu'à votre position de départ en longeant les côtés du corps.

TECHNIQUES EN PROFONDEUR

Maintenant que votre partenaire est détendu et que vous maîtrisez les mouvements souples des caresses, vous allez commencer à travailler plus en profondeur sur le corps grâce aux techniques qui suivent.

PÉTRISSAGE/TORSION

Le pétrissage est un traitement très bénéfique. Il aide à relâcher les muscles tendus, augmente l'apport sanguin dans les muscles sur lesquels vous travaillez et permet d'éliminer les toxines. On l'utilise sur les parties charnues comme les cuisses, les fesses et les hanches. Notre illustration montre le pétrissage des épaules. Placez vos mains à plat sur la région à traiter et avec une main, attrapez et serrez le muscle (pas la peau) entre les doigts et le pouce, puis faites rouler jusqu'à l'autre main. Au moment où vous relâcherez le muscle, servez-vous de votre autre main pour prendre une nouvelle poignée de chair.

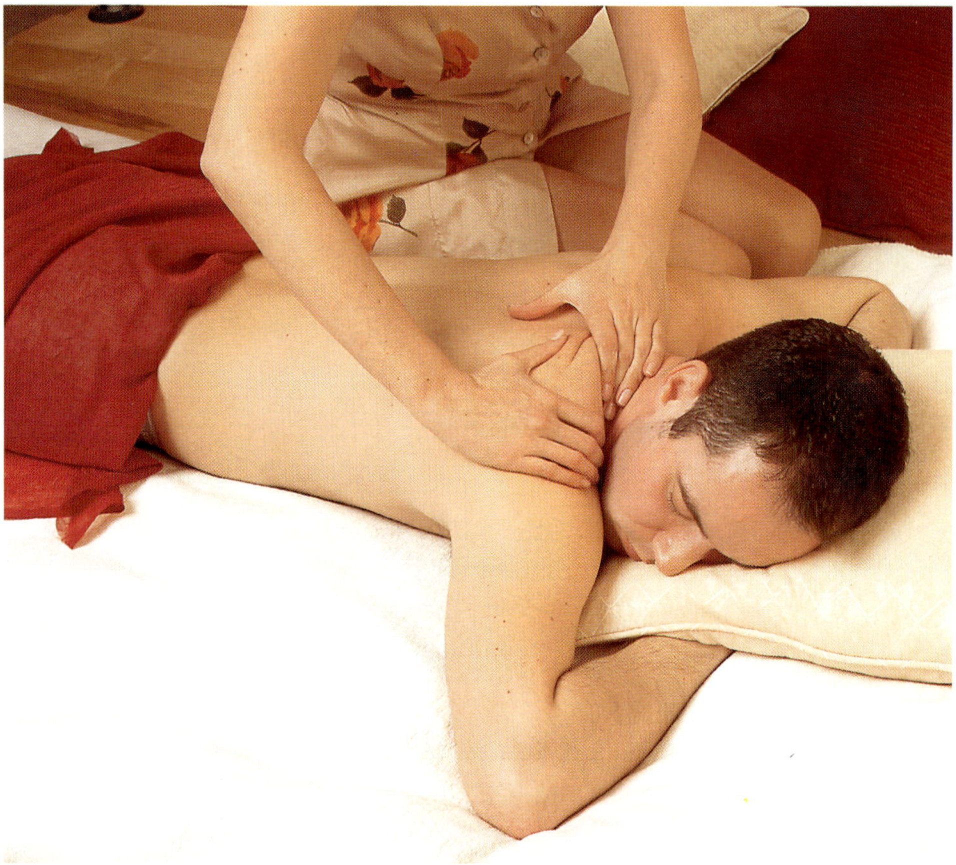

Alternativement, pressez et relâchez avec les deux mains, comme si vous pétrissiez de la pâte à pain. Cette technique est ici appliquée à la taille.

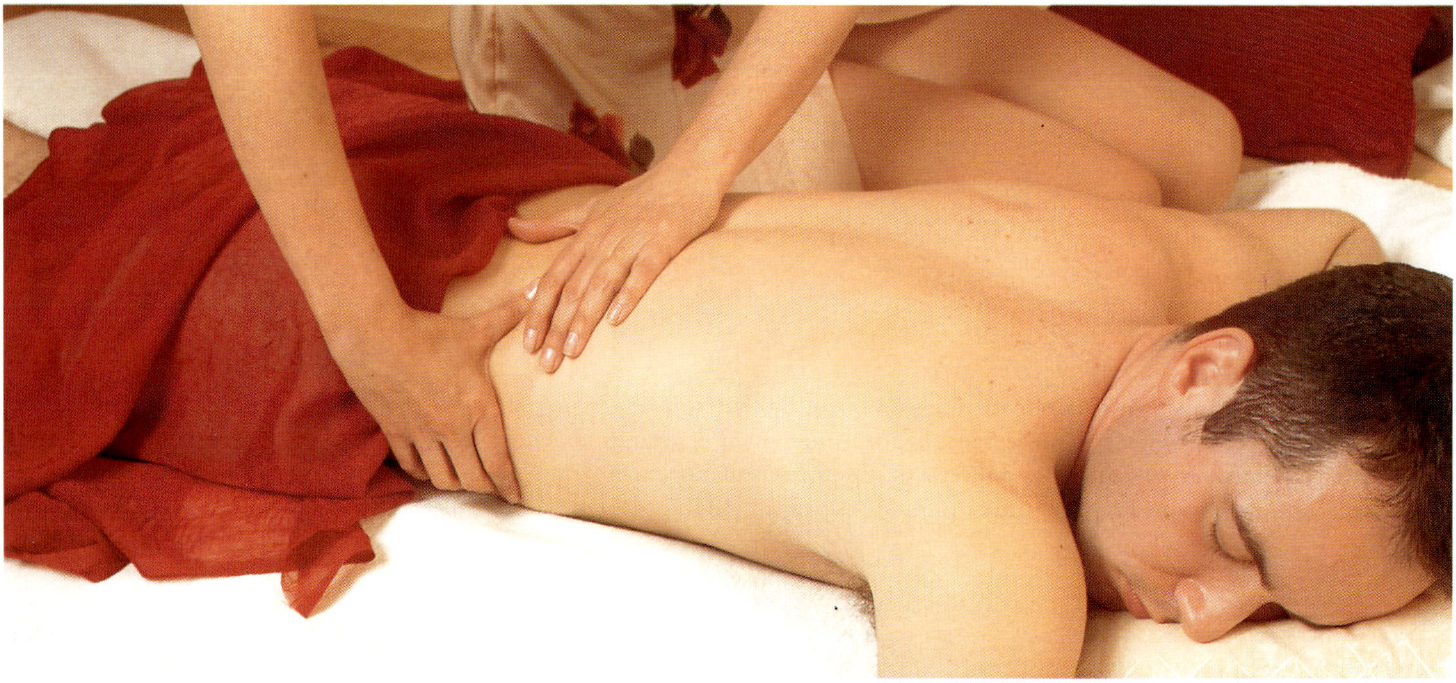

ÉTIREMENT

Maintenant, ramenez le muscle avec l'autre main. En étirant le muscle en alternance des deux mains, remontez graduellement vers le milieu du dos. Vous pouvez également travailler dans le bas du dos. Répétez de l'autre côté.

Agenouillez-vous confortablement à côté de votre partenaire en faisant face à la région des fesses. Placez les deux mains sur le côté éloigné de votre partenaire. La pulpe de vos doigts doit toucher la surface de massage. Penchez-vous sur son corps puis ramenez le muscle vers le haut avec votre main.

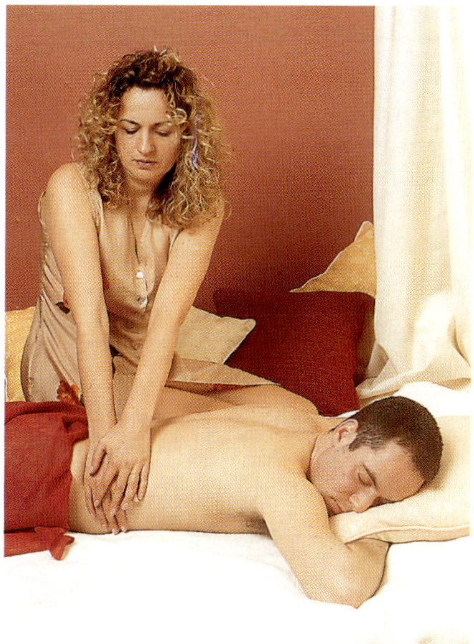

Vous pouvez exécuter ces étirements en vous servant de vos deux mains en même temps.

PALPÉ-ROULÉ

Installez-vous dans la même position que pour la technique d'étirement. Placez vos deux mains sur le côté opposé du dos tout près de la colonne vertébrale, mais SANS la toucher.

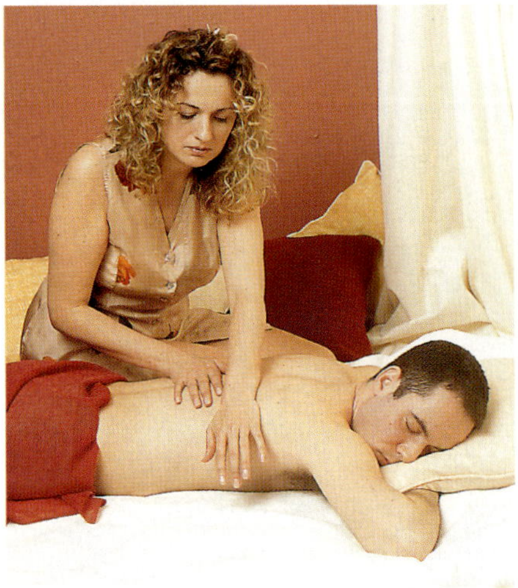

Massez en remontant jusque dans le dos de votre partenaire, avec des mouvements de poussée en faisant alterner vos deux mains, l'une suivant l'autre de très près. Appliquez ce mouvement de haut en bas du dos. Répétez ensuite de l'autre côté.

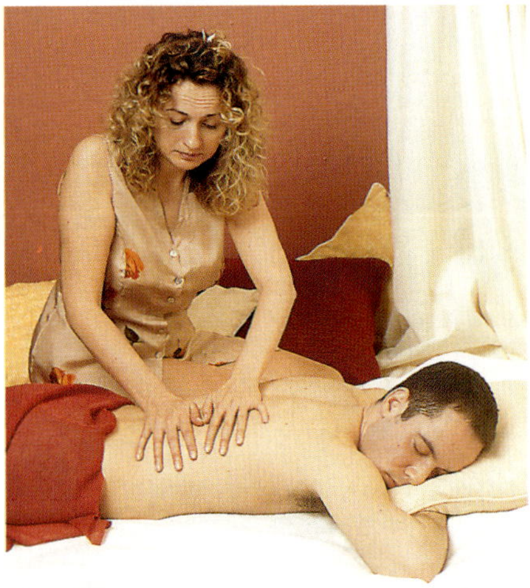

Maintenant, essayez de pousser en vous servant de vos deux mains en même temps.

PRESSION/FRICTION

Ces mouvements vous permettent de pénétrer plus profondément les couches musculaires et de travailler autour des articulations. Une pression plus marquée est particulièrement utile pour dissiper les tensions qui se retrouvent soit de chaque côté de la colonne vertébrale, soit autour des omoplates. On utilise aussi des pressions très douces pour les points d'excitation sexuelle mentionnés dans la section étape par étape. On se sert habituellement de la partie charnue des pouces pour les techniques de pression, quoique les bouts des doigts, les talons des mains, les jointures et même les coudes font aussi l'affaire.

Rappelez-vous de toujours exercer la pression graduellement et lentement. Ne donnez jamais de petits coups secs et ne creusez jamais la chair avec des ongles trop longs. Vous trouverez cette technique plus facile si vous appliquez seulement une petite quantité d'huile, autrement vos pouces glisseront et vous ne réussirez qu'à faire bouger la peau, plutôt que les couches plus profondes du derme.

Servez-vous du poids de votre corps pour que vos mouvements de pression travaillent plus en profondeur. Le corps est beaucoup moins délicat que vous ne l'imaginez. Toutefois, demandez toujours son appréciation à votre partenaire, pour éviter de lui infliger douleur ou inconfort.

PRESSION DES POUCES

Pour exercer une pression circulaire sur les muscles de la colonne vertébrale, installez-vous à côté de votre partenaire. Placez vos mains de chaque côté de la colonne avec les talons de vos mains se touchant presque. Placez la partie charnue des pouces dans les deux fossettes à la base de la colonne. Avec vos pouces, exercez de petits mouvements circulaires vers l'extérieur.

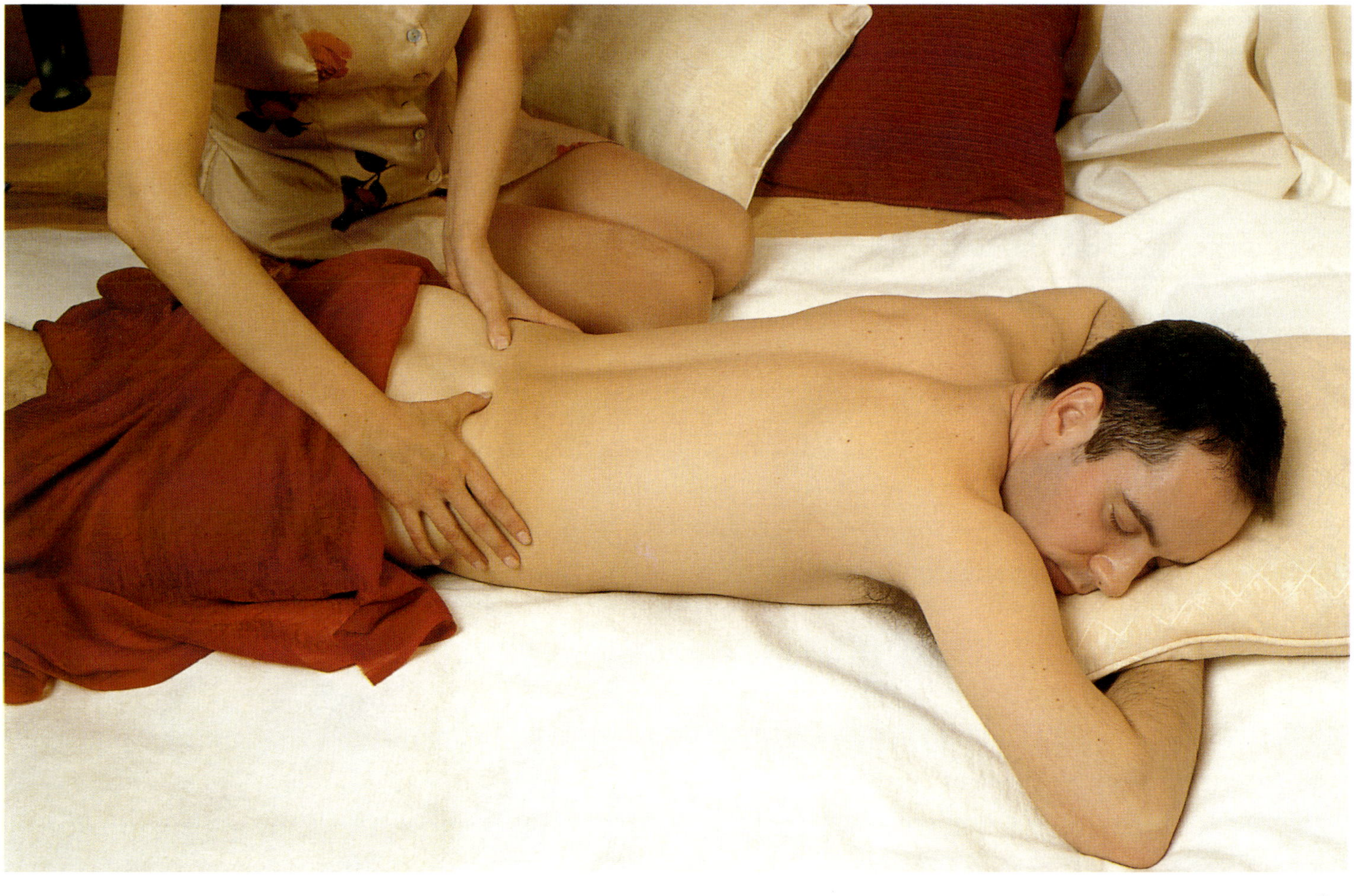

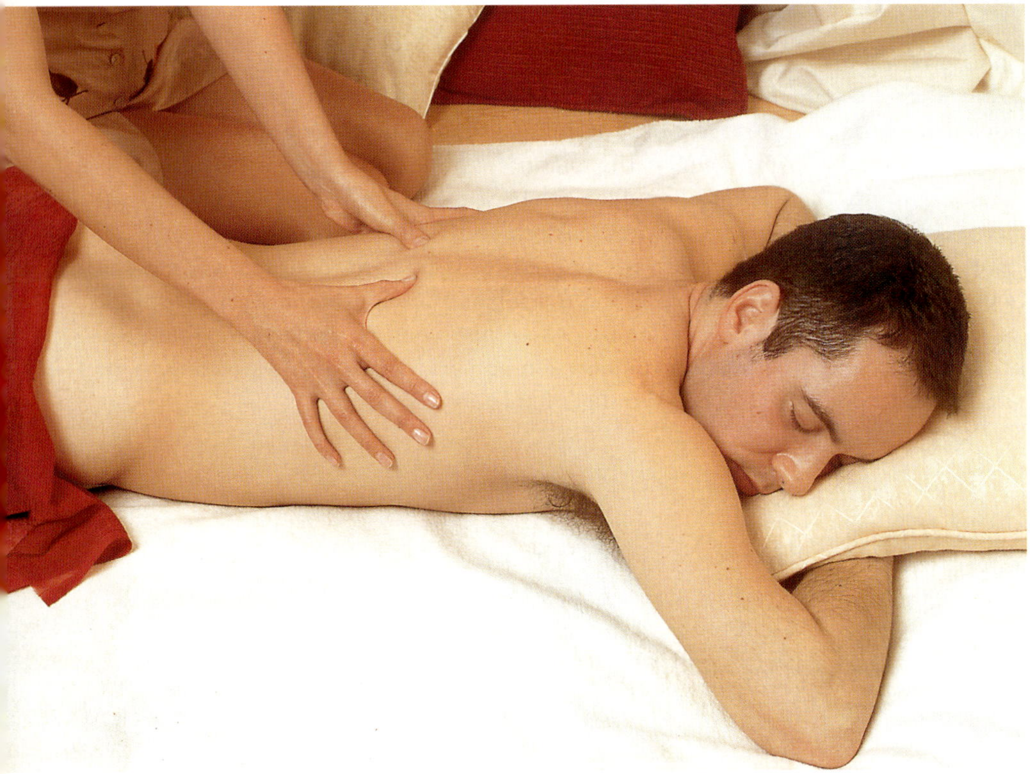

Massez graduellement le dos en remontant jusqu'à la base du cou. Au début, il est possible que vous ayez mal aux pouces, puis ils s'habitueront à la pression. Veillez à ne pas rentrer les épaules, car cela pourrait contracter votre propre dos.

Maintenant, essayez cette technique autour des omoplates. Placez-vous près de l'épaule que vous désirez traiter. Pour faciliter le mouvement, vous pouvez demander à votre partenaire de mettre ses mains derrière son dos, mais s'il trouve cette position trop inconfortable ou s'il s'est endormi, laissez ses bras sur les côtés.

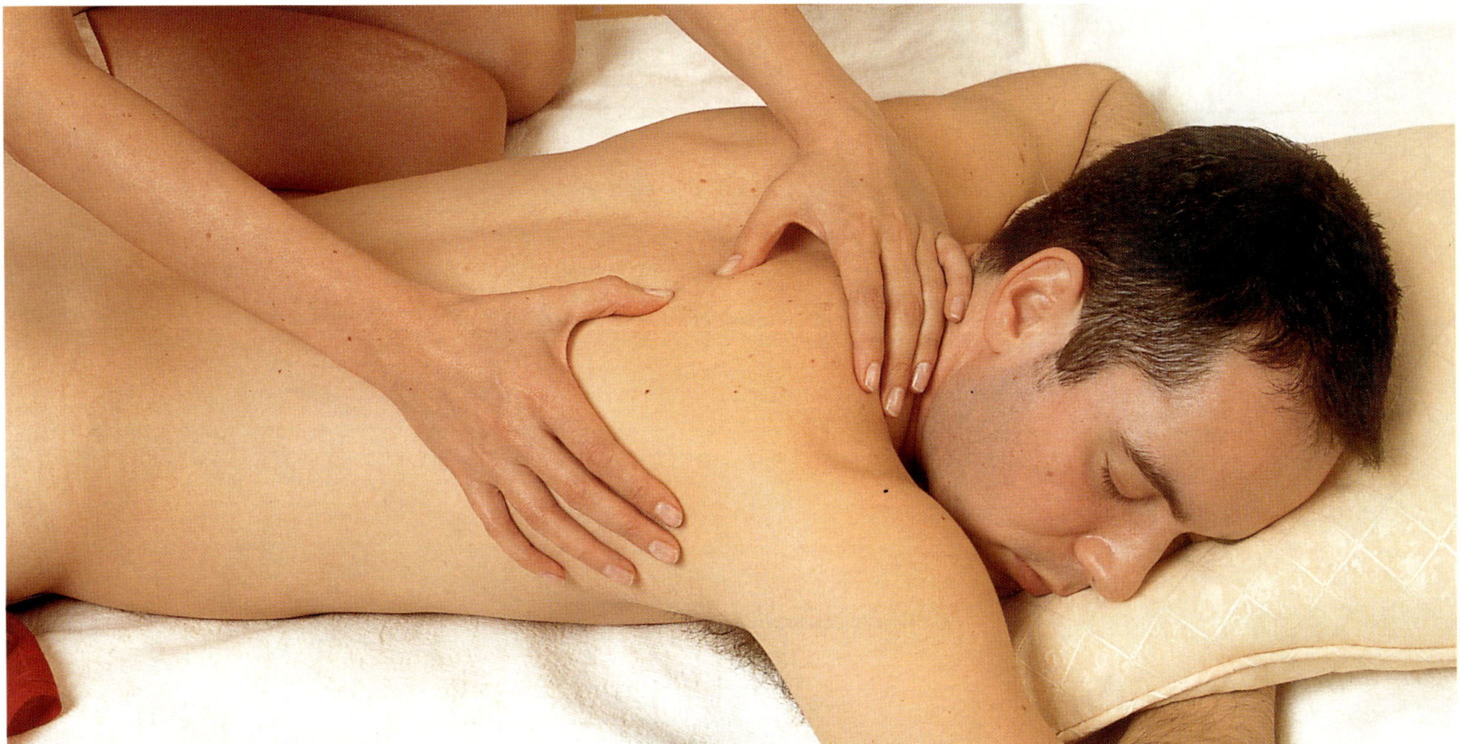

PRESSION DU TALON DE LA MAIN

Au lieu d'utiliser la partie charnue des pouces, vous allez maintenant vous servir des talons de vos mains pour appliquer une forte pression. Vous pratiquerez cette technique à l'arrière de la cuisse. Il s'agit d'un merveilleux mouvement pour les régions charnues du corps, comme les fesses et les cuisses.

Assoyez-vous ou agenouillez-vous confortablement à côté de votre partenaire et placez les talons de vos mains juste sous l'arrière du genou. Ne pressez PAS sur l'arrière du genou, car c'est une région très sensible. Poussez une main doucement mais fermement dans la chair, massez en remontant la jambe, puis poussez avec l'autre main. Faites en sorte que les talons de vos mains se promènent alternativement jusqu'au haut de la cuisse.

JOINTURES

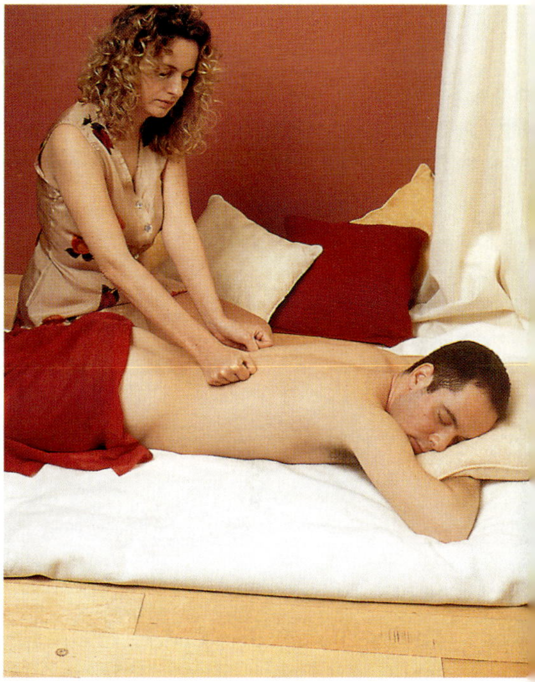

Les jointures peuvent procurer de merveilleuses sensations lorsqu'on s'en sert pour masser les épaules, le dos, le haut de la poitrine, les paumes des mains et les plantes des pieds. Serrez légèrement les poings et placez les paumes de vos mains sur le corps. Faites rouler la partie centrale de vos doigts en mouvements circulaires, sans perdre le contact avec le corps de votre amant ou amante.

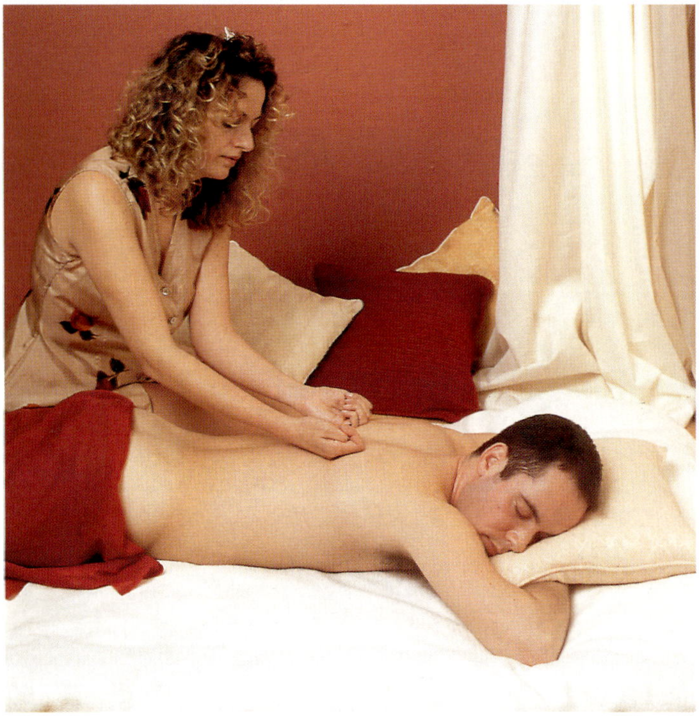

Cette technique peut également être appliquée en déplaçant vos mains vers l'avant ou vers l'arrière, plutôt que de façon circulaire. Encore une fois, fermez les poings en souplesse, placez vos mains sur la région à masser, et glissez-les en avançant dans la peau. Le dos est idéal pour mettre cette technique en pratique.

Vous pouvez appliquer ce mouvement dans la région de la poitrine.

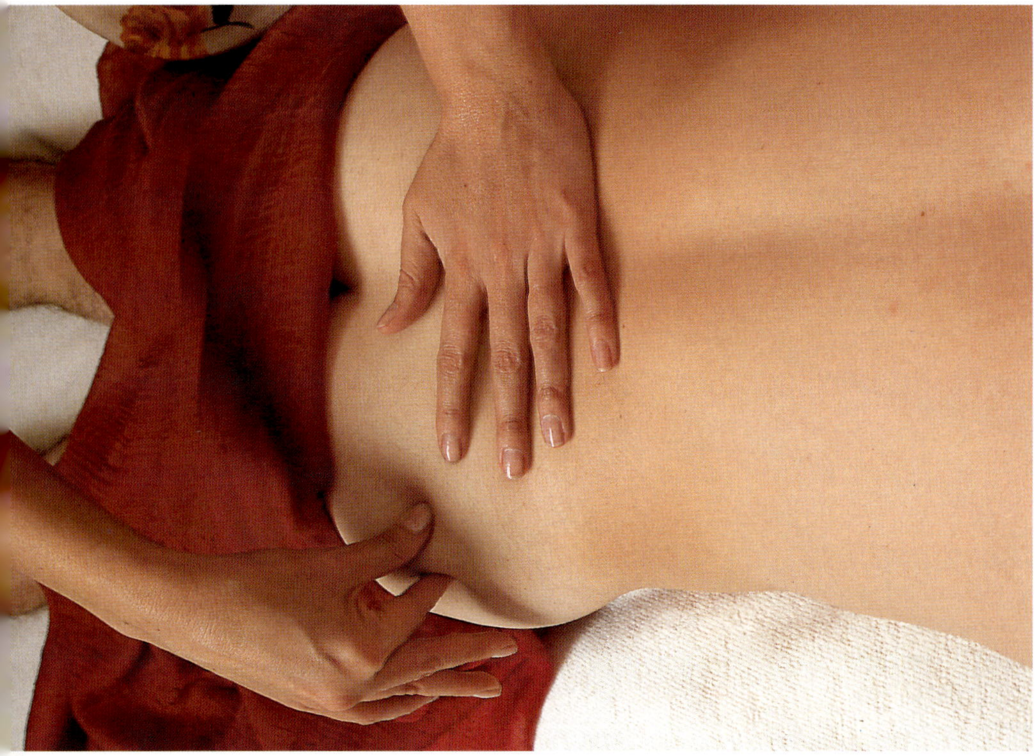

PINCEMENT

Cette technique peut s'appliquer dans les régions charnues et musclées comme les fesses et les cuisses. Le pincement est très sensuel, que ce soit pour redonner du tonus à la peau ou pour activer la circulation. Placez vos deux mains, les paumes à plat, sur les fesses. Attrapez doucement de petits plis de chair entre le pouce et la pulpe des doigts, puis lâchez prise.

le massage sensuel
étape par étape

Ce guide étape par étape vous permettra de donner un massage complet à votre partenaire. Toutefois, il n'existe pas une façon « correcte » de prodiguer ce genre de massage. C'est pourquoi il est important de développer votre propre style et de toujours vous fier à votre intuition. Vous vous apercevrez que vous développez votre propre technique, et votre partenaire exprimera ses préférences. Il est aussi agréable de donner un massage sensuel que de le recevoir.

Il n'est pas absolument nécessaire d'exécuter chacune des étapes du massage. Choisissez les régions que vous désirez masser et prenez tout le temps qu'il faut pour le faire. Il n'y a PAS de règles établies. Soyez spontané et intuitif. Ne tenez pas pour acquis qu'un massage sensuel est toujours un prélude à l'acte sexuel. C'est une expérience hautement jouissive en elle-même, qui vous rapprochera et vous aidera à créer l'harmonie dans votre relation. Rappelez-vous de préparer à l'avance la scène de votre massage sensuel.

Un massage complet prendra environ une heure et demie, en incluant toutes les régions du corps. Il est préférable, et de loin, de vous concentrer sur deux ou trois régions, plutôt que de vous dépêcher pour pouvoir masser tout le corps. Les régions favorites sont le dos, la tête et les pieds. Pourquoi ne pas exécuter toute la séquence pour découvrir vos préférences personnelles?

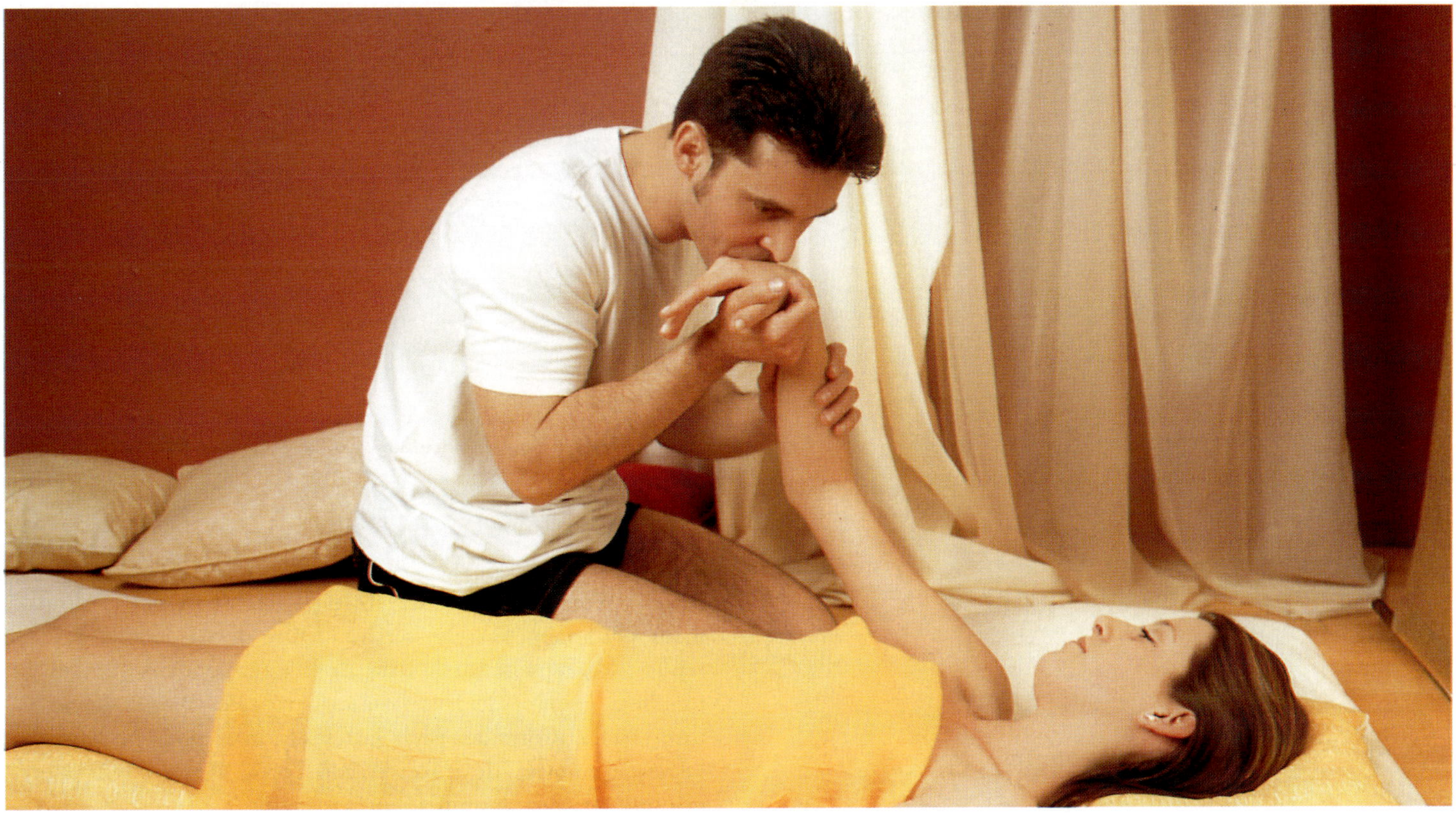

MASSAGE SENSUEL DU DOS

Un massage du dos est une expérience totalement délicieuse et sensuelle. Si vous disposez d'un temps limité, voilà une région à ne pas négliger. Pour une raison ou une autre, nous avons tous des muscles contractés quelque part dans la région du dos et des épaules: le stress (physique et émotionnel), les mauvaises postures dans nos occupations de tous les jours (par exemple, penchés au-dessus d'une table de travail), le transport des enfants en bas âge, les travaux de jardinage ou la pratique excessive de certains sports. Nous finissons toujours par en payer le prix.

Votre partenaire doit s'étendre sur le ventre avec un coussin sous les chevilles pour permettre à son dos de se détendre, et un autre sous la tête et les épaules. Les bras doivent être placés confortablement sur les côtés. Le corps doit être complètement recouvert.

ÉTAPE 1 ÉTABLIR LE CONTACT

Le contact initial est très important, parce qu'il vous permet, à vous et à votre amant ou amante, de relâcher toutes vos tensions et de vous sentir totalement réceptifs.

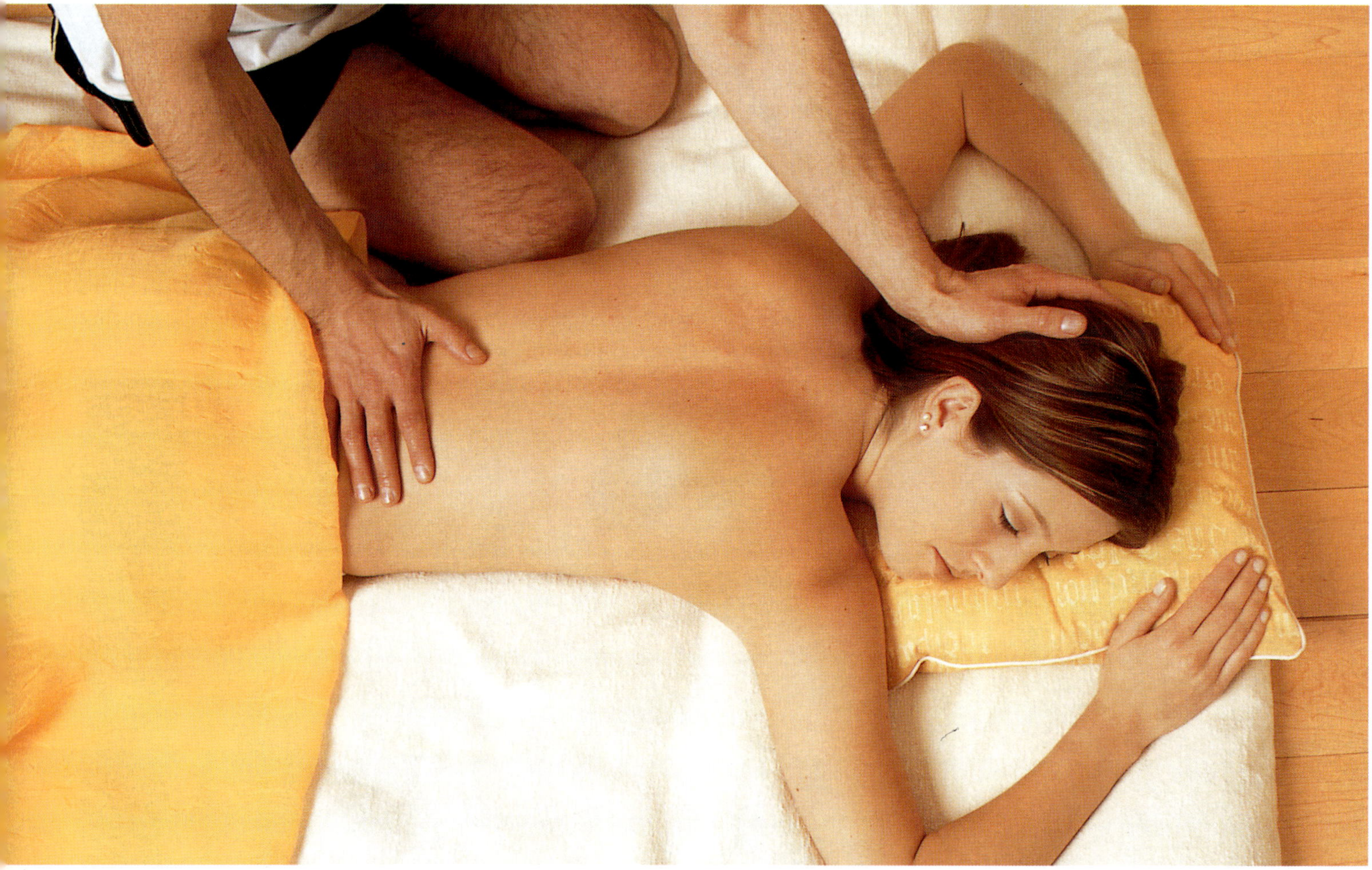

Installez-vous d'un côté de votre partenaire et placez doucement vos mains sur elle ou lui. L'une de vos mains devrait reposer légèrement sur le haut de la tête, pendant que l'autre touchera la base de la colonne vertébrale. Prenez quelques inspirations profondes pour la relaxation et pour permettre à l'énergie curative de traverser son corps. Après environ une minute, retirez tranquillement vos mains.

ÉTAPE 2 APPLICATION DE L'HUILE/ CARESSES ÉTENDUES

À genoux près de la taille, commencez à appliquer l'huile par mouvements caressants. Placez les paumes de vos mains détendues dans le bas du dos, de chaque côté de la colonne vertébrale, les doigts pointant dans la direction de la tête.

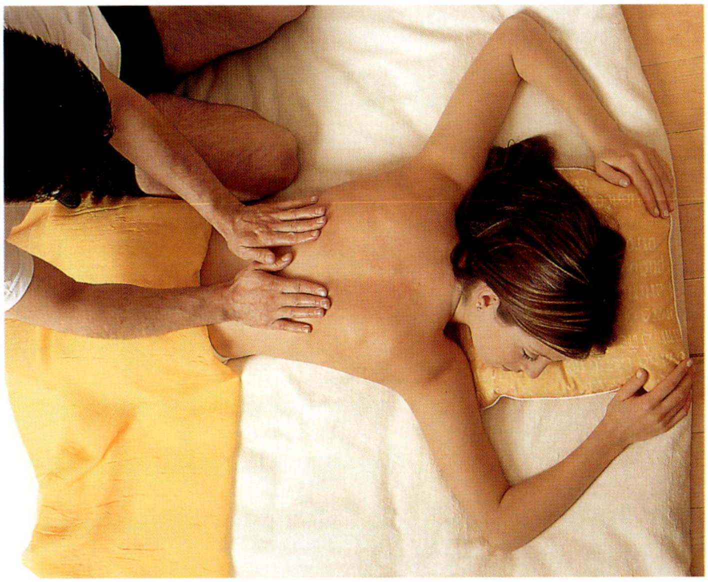

Caressez le dos jusqu'au cou en y mettant le poids de votre corps pour appuyer le mouvement en une pression plus ferme.

Lorsque vos mains atteignent le haut du dos, caressez en ouvrant vers les épaules, vos mains épousant les contours du corps.

Répétez ces caresses étendues plusieurs fois de suite pour établir votre propre rythme et pour que votre partenaire s'habitue à votre toucher.

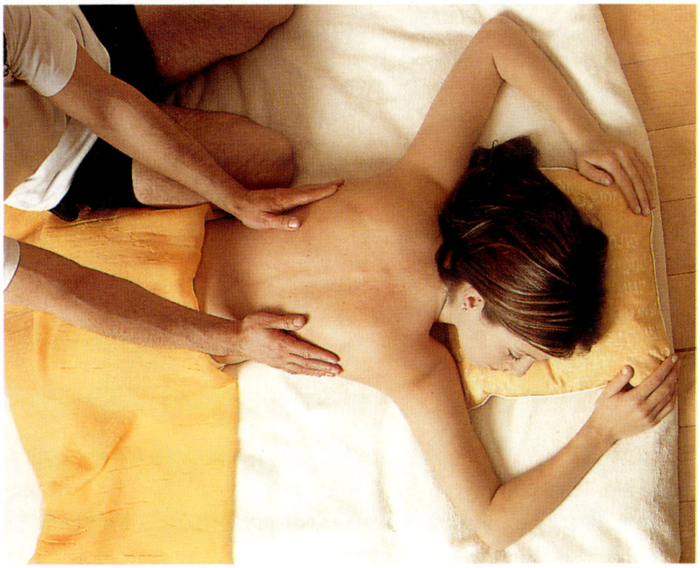

Laissez doucement glisser vos mains des deux côtés du corps avec la légèreté d'une plume.

ÉTAPE 3 CARESSES ÉTENDUES PAR ALTERNANCE DES MAINS

De chaque côté du dos, placez vos deux mains paumes à plat, l'une dans la partie basse et l'autre dans la région de l'épaule, les doigts pointant en direction de la tête.

Caressez fermement en remontant la main placée dans le bas du dos, alors que l'autre main glisse vers le bas en longeant la colonne vertébrale. Ce mouvement procure une merveilleuse sensation et est excellent pour détendre le dos.

ÉTAPE 4 CARESSES CIRCULAIRES

Installez-vous d'un côté de votre partenaire. Placez les deux mains autour de l'omoplate, sur la partie opposée de son corps.

Alors que vous compléterez un cercle, vos mains se croiseront. Malgré le fait que vous devrez lever l'une de vos mains par-dessus l'autre, veillez à garder le contact avec l'autre main.

En vous servant de toute la surface de la paume de vos mains, imprimez de larges mouvements circulaires dans le sens des aiguilles d'une montre, une main après l'autre.

Répétez maintenant ces mouvements circulaires du côté du corps qui se trouve plus près de vous.

ÉTAPE 5 ÉTIREMENT DU DOS (MAINS)

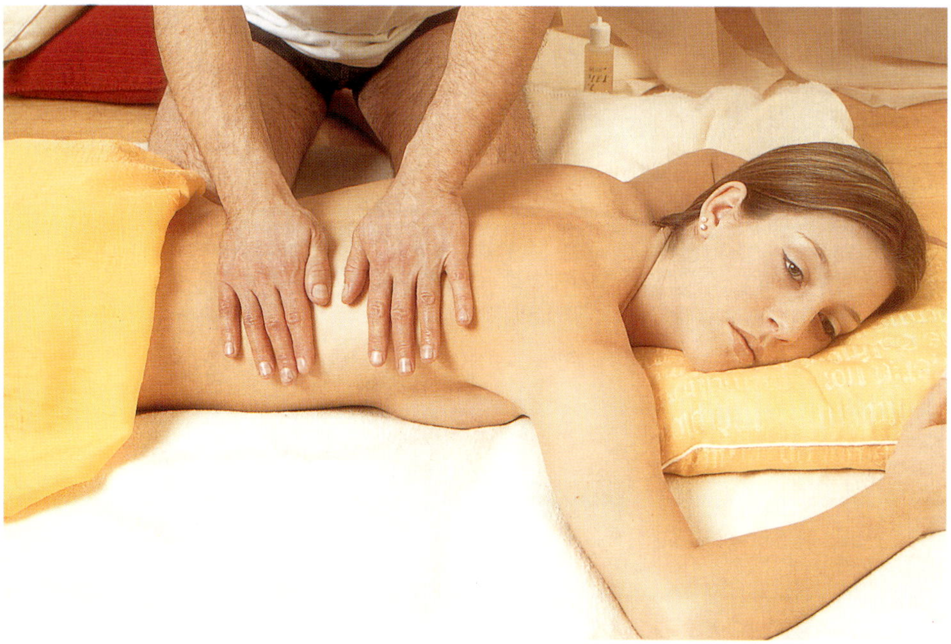

Placez les deux paumes à plat environ au centre du côté du dos le plus éloigné de vous.

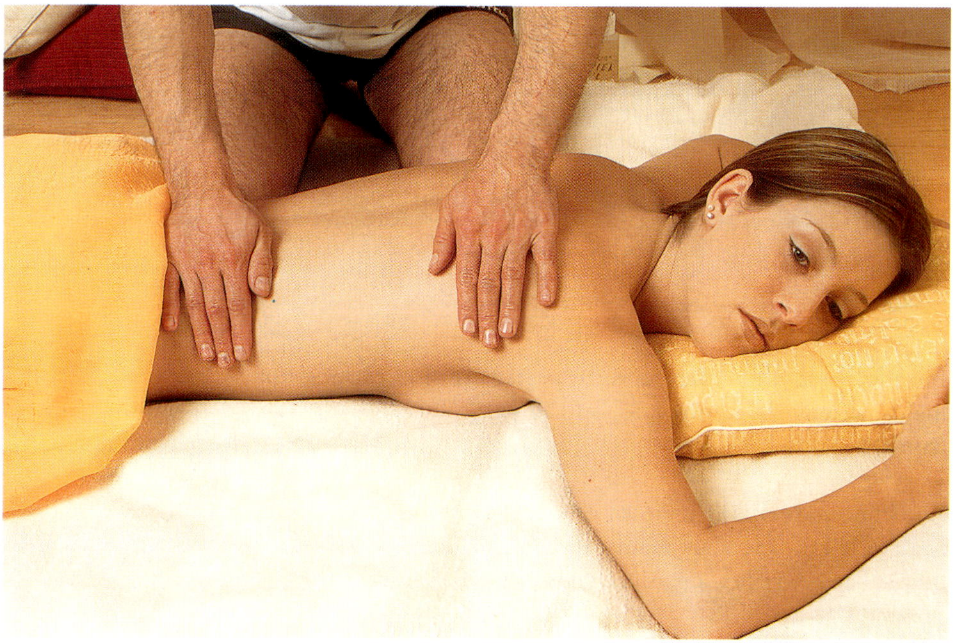

Éloignez graduellement les mains l'une de l'autre en appliquant une forte pression. L'une de vos mains glissera vers le haut jusqu'à la tête, alors que l'autre glissera vers le bas jusqu'à la base de la colonne vertébrale. Appuyez fermement en vous servant du poids de votre corps pour une pression plus forte.

Faites la même chose de l'autre côté.

ÉTAPE 6 ÉTIREMENT DU DOS (AVANT-BRAS)

Pour vraiment étirer le dos, les avant-bras sont le meilleur outil. Placez vos deux avant-bras à l'horizontale en travers du corps, du côté le plus éloigné de vous.

Graduellement, éloignez-les l'un de l'autre, de manière à ce que l'un de vos avant-bras glisse vers le haut et l'autre vers le bas. Répétez ensuite le même mouvement de l'autre côté du corps de votre partenaire.

Étape 7 ÉTIREMENT DES CÔTÉS DU DOS

Agenouillé confortablement d'un côté de votre partenaire, faites face à la région des fesses. Placez les deux mains du côté éloigné du dos, la pulpe de vos doigts touchant à peine la surface de massage.

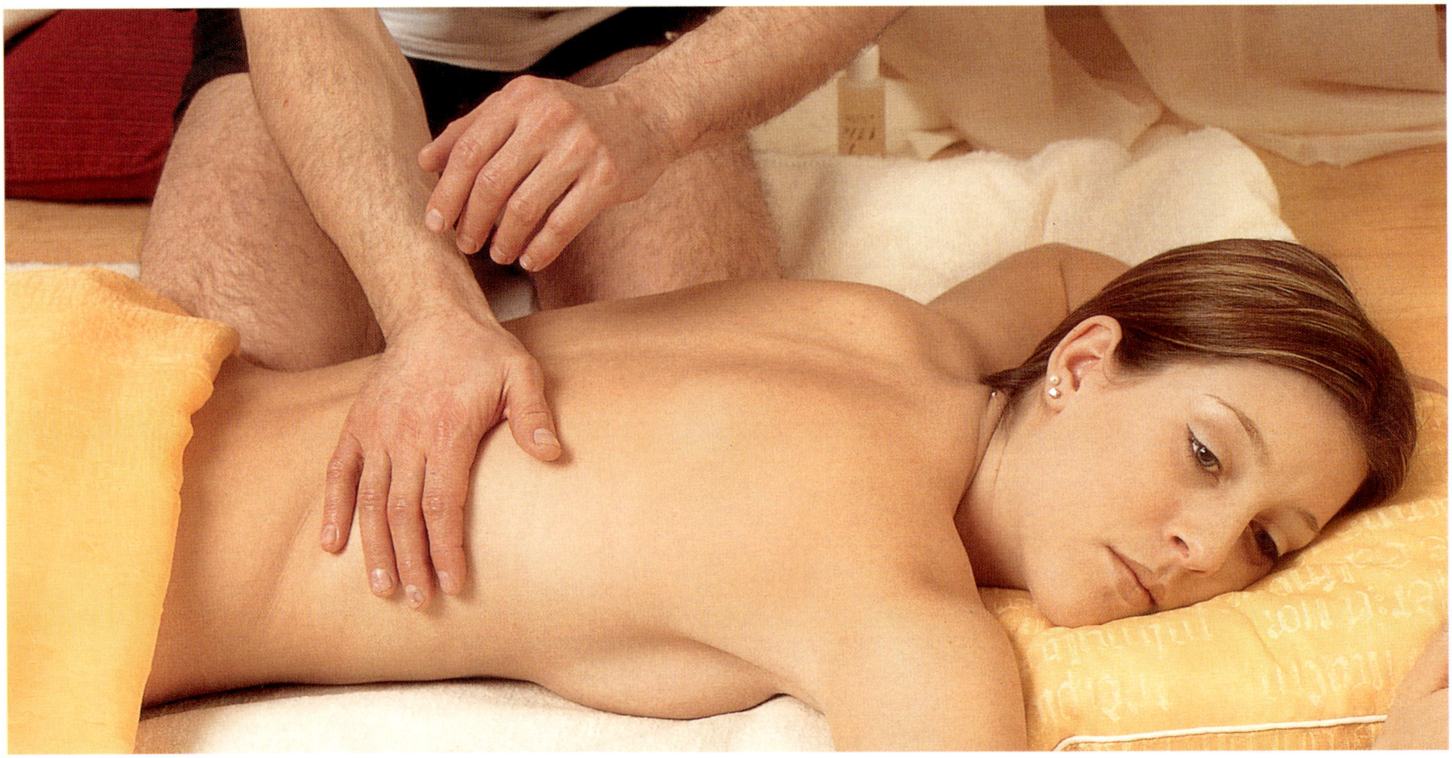

Penchez-vous sur le corps et ramenez le côté du dos avec une main.

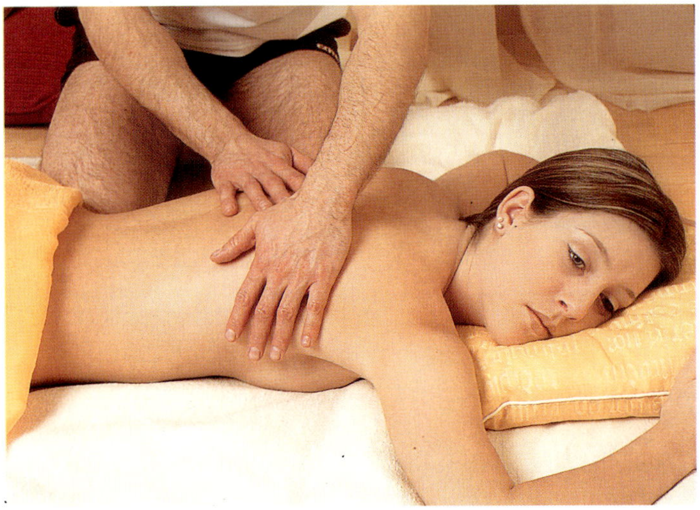

Juste au moment où cette main atteint le haut du dos et se soulève, ramenez le côté avec l'autre main. En remontant ainsi les deux mains alternativement, massez le dos. Lorsque vous aurez atteint le haut du dos, repartez en sens inverse.

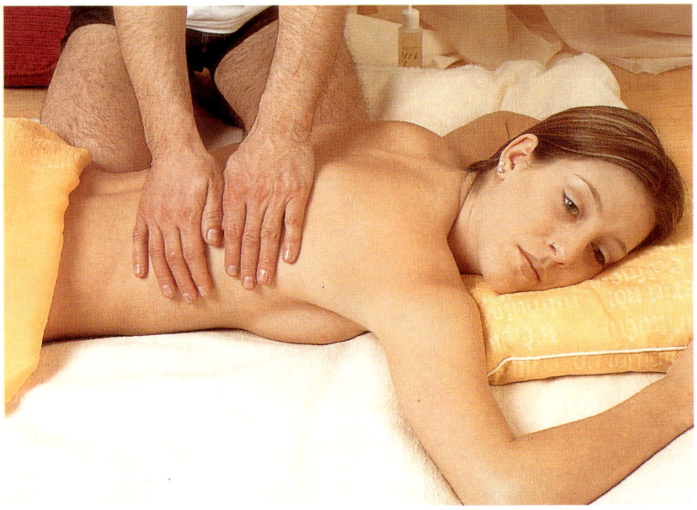

Répétez maintenant ces mouvements en ramenant vos deux mains en même temps.

L'étape 7 devrait être entièrement répétée de l'autre côté du dos.

Étape 8 Pétrissage des côtés du dos

Arrivé à cette étape, votre partenaire devrait être complètement détendu (peut-être même endormi) et prêt à recevoir un massage sensuel un peu plus appuyé. Le pétrissage est excellent pour relâcher les muscles tendus tout en éliminant les toxines. Installez-vous d'un côté du corps, face à la région des fesses et placez vos mains à plat du côté opposé du dos.

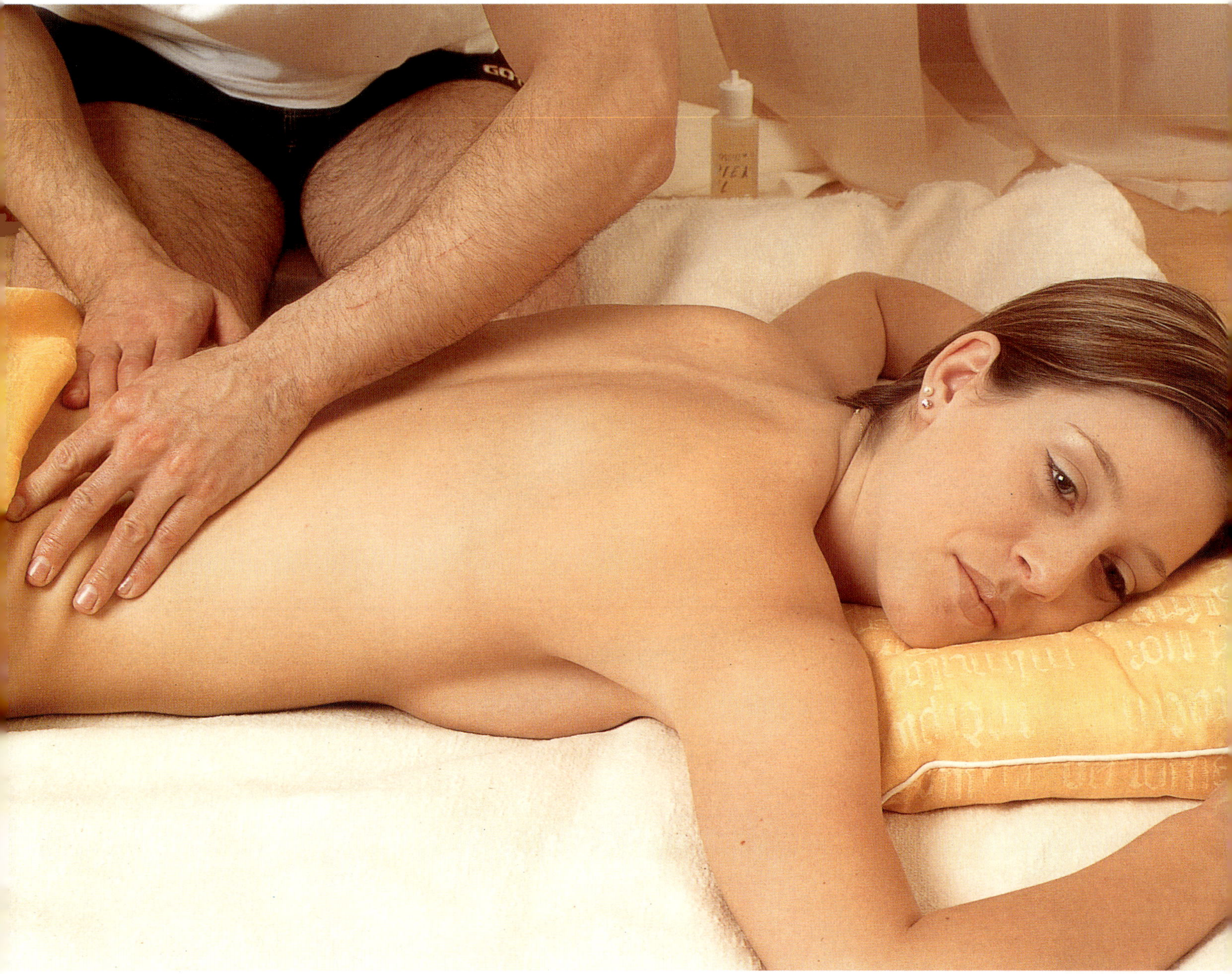

En commençant dans la région fessière avec une seule main, attrapez et pétrissez le muscle (pas la peau) entre le pouce et les autres doigts, en le ramenant vers l'autre main. En relâchant, servez-vous de l'autre main pour attraper et pétrir une nouvelle masse de chair.

Lorsque vous atteindrez les côtés du dos, vous vous apercevrez que ce mouvement est beaucoup plus facile à exécuter autour de la partie charnue de la taille.

Étape 9 PRESSIONS CIRCULAIRES DU POUCE SUR LES MUSCLES LOMBAIRES

Vous allez maintenant essayer de défaire les tensions qui se forment si facilement des deux côtés de la colonne vertébrale. Ce mouvement sera plus efficace si vous vous assoyez à califourchon sur votre partenaire, bien qu'il soit possible de travailler à partir d'un côté, si vous préférez.

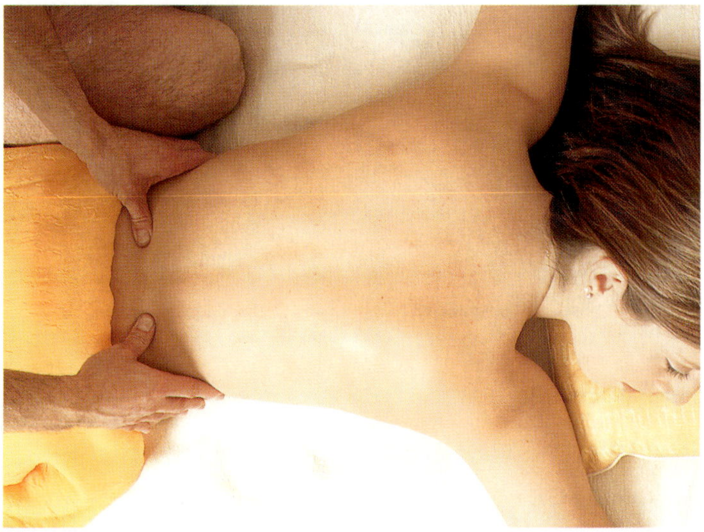

Trouvez les deux fossettes à la base de la colonne vertébrale. Placez la partie charnue des pouces dans ces fossettes.

Lorsque vous atteindrez la base du cou, laissez glisser vos mains jusqu'à votre point de départ, sans exercer de pression.

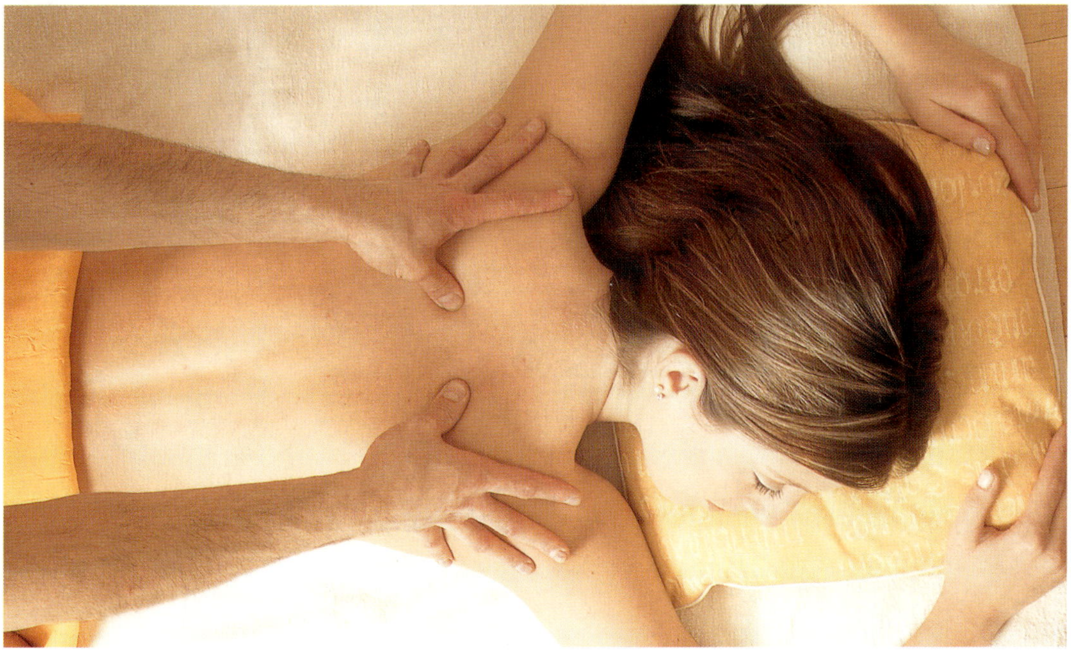

Avec vos pouces, imprimez lentement de petits mouvements circulaires fermes en vous déplaçant dans la région du cou. Tandis que vous travaillez dans le haut du dos, essayez de garder vos pouces dans une position parallèle et symétrique.

Si vous rencontrez des tensions, essayez de les défaire en douceur. Vous pouvez imprimer à vos pouces un mouvement circulaire vers l'extérieur dans la région tendue, ou encore, pour une pénétration plus profonde, placer un pouce sur l'autre et presser lentement et profondément sur la région contractée.

ÉTAPE 10 PALPÉ-ROULÉ DES CÔTÉS DU DOS

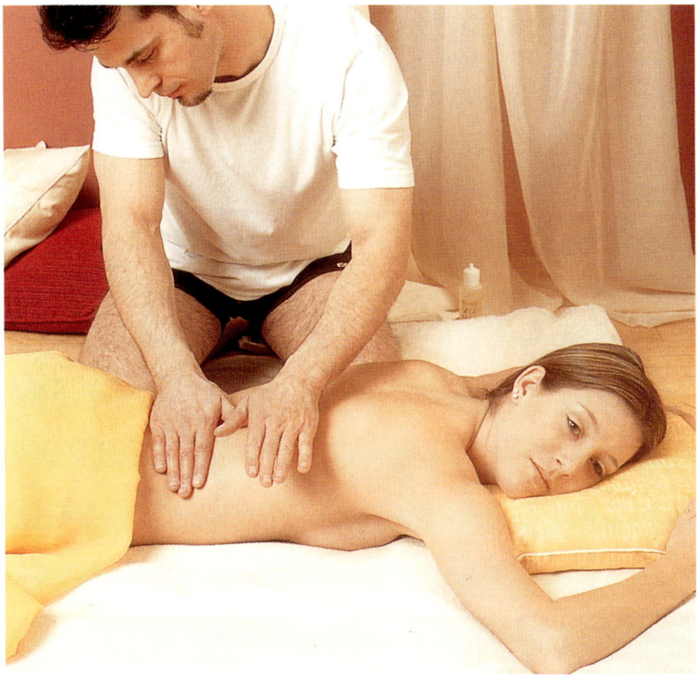

Agenouillez-vous confortablement près de votre partenaire et placez vos deux paumes à plat du côté opposé du dos, mais SANS toucher la colonne vertébrale.

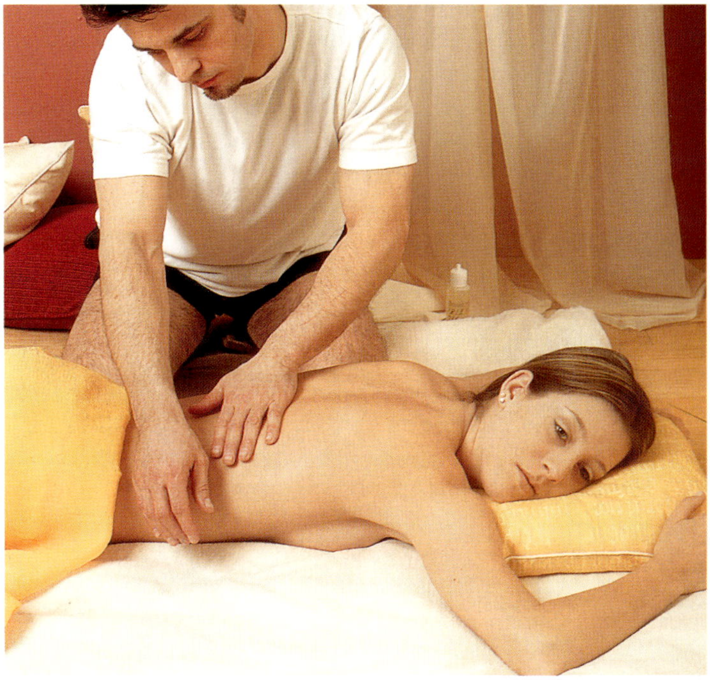

En faisant alterner les deux mains, travaillez de haut en bas du dos en poussant vers le bas.

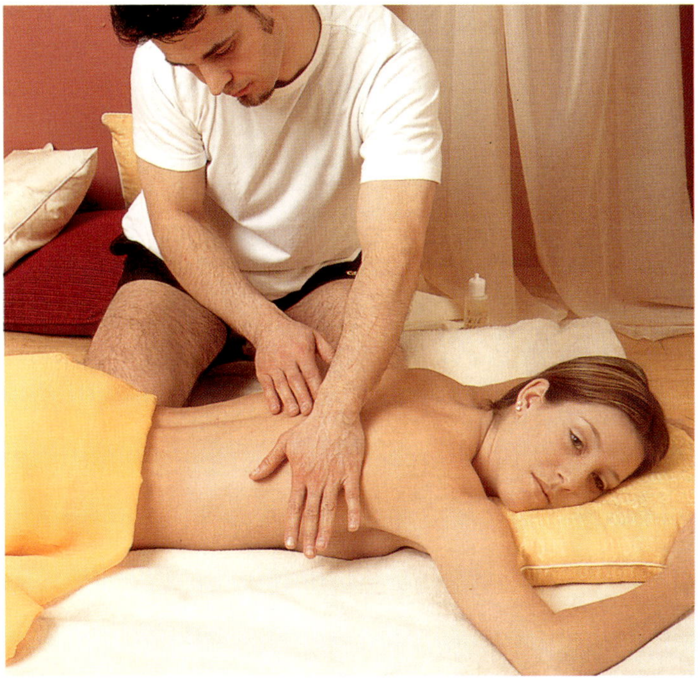

Les deux mains devraient se suivre de près pour établir un rythme convenable.

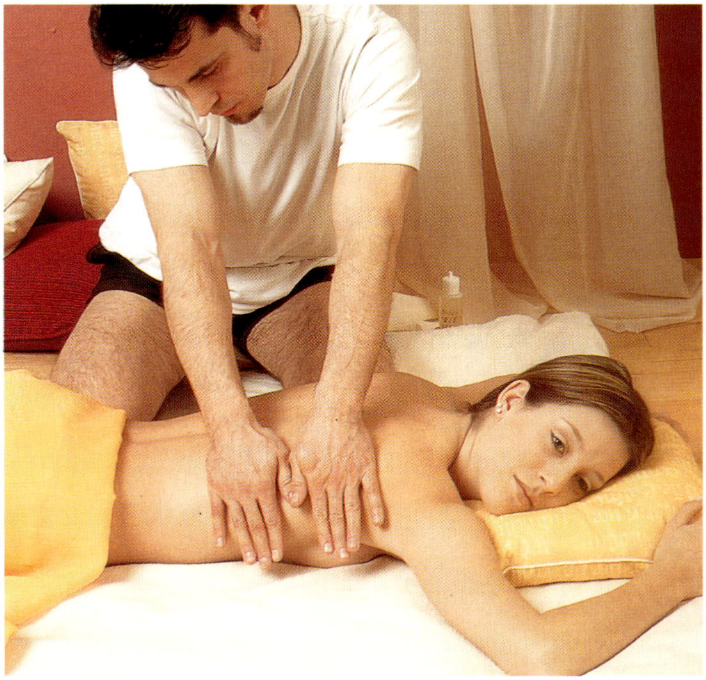

Si désiré, vous pouvez pousser vers le bas en vous servant de vos deux mains à la fois. Ces mouvements sont calmants et aident à éliminer les toxines qui ont été libérées le long de la colonne.

Les Fesses

Les fesses retiennent de nombreuses tensions dont il est facile de se débarrasser. Il s'agit de plus d'une région très sensuelle qui comporte plusieurs points de pression susceptibles d'amplifier la réponse sexuelle.

Étape 11 Caresses circulaires sur les fesses

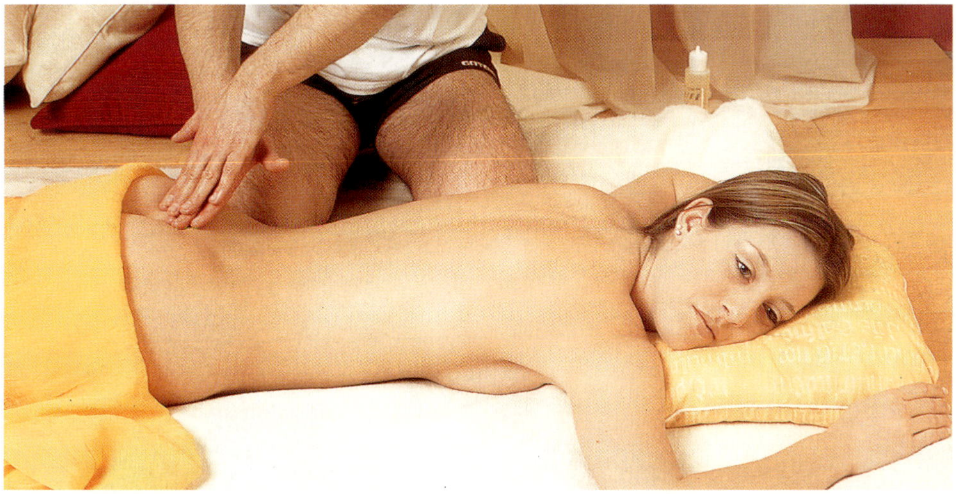

Installez-vous près de votre partenaire et placez les deux mains l'une sur l'autre sur l'une des fesses. Imprimez de larges mouvements circulaires en forme de huit sur une fesse puis sur l'autre.

Étape 12 Pétrissage des fesses

Pour pétrir les muscles des fesses, placez les paumes de vos mains vers le bas et attrapez et pétrissez la chair d'une main en la ramenant vers vous. Répétez avec l'autre main. En alternance, pétrissez puis relâchez jusqu'à ce que toute la région des fesses ait été traitée.

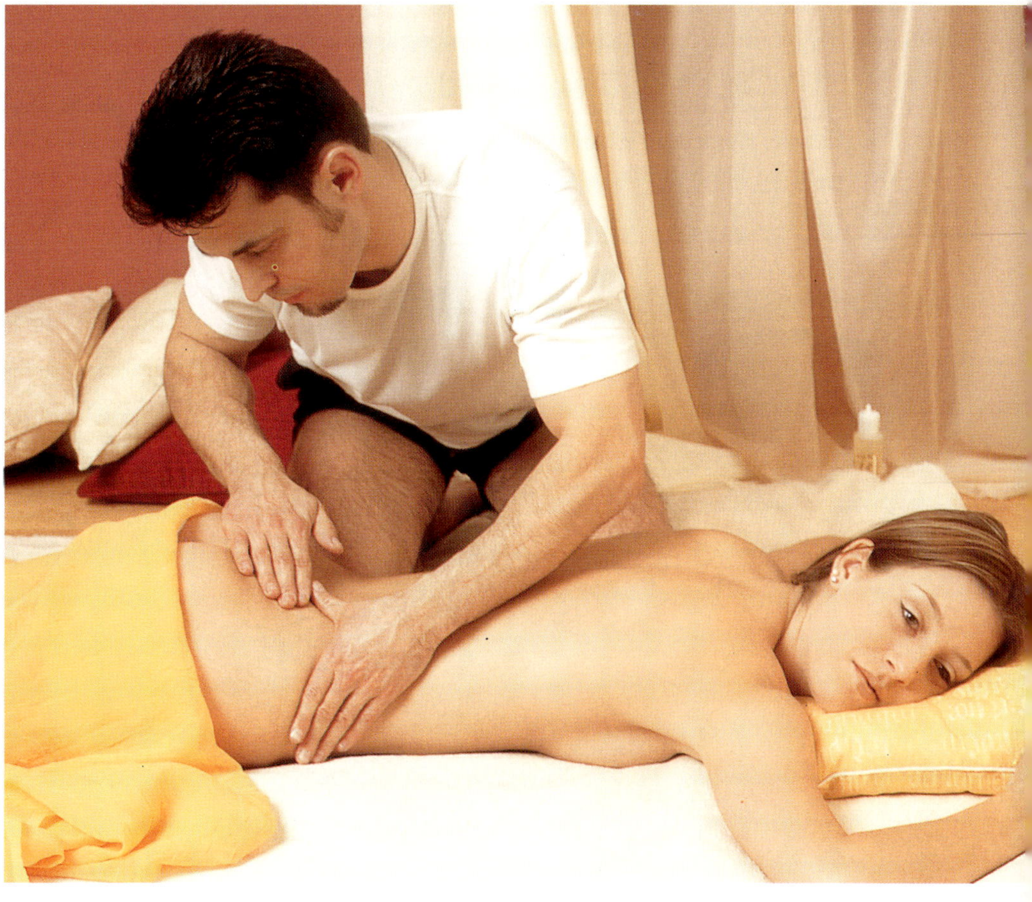

ÉTAPE 13 PRESSIONS SUR LES POINTS D'EXCITATION SEXUELLE

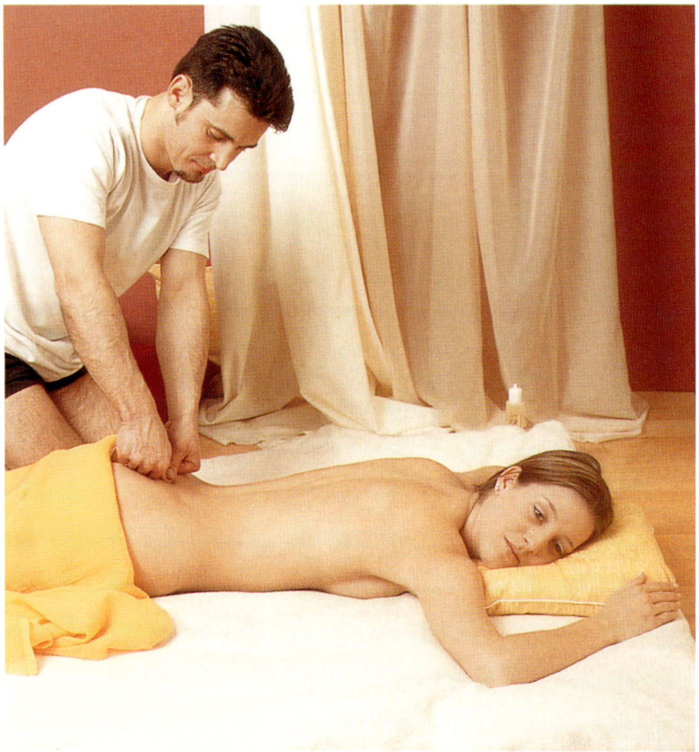

Pour augmenter le désir et la vigueur sexuelle, commencez juste au-dessus de la raie des fesses. En appuyant très légèrement, faites de petits mouvements circulaires en plaçant un pouce sur l'autre, à partir de la raie jusqu'au haut des fesses, en vous déplaçant en ligne droite.

ÉTAPE 14 MASSAGE DES FESSES AVEC LES JOINTURES

Pour exécuter ce mouvement, servez-vous de vos poings légèrement fermés et placez un poing sur chaque fesse. Faites rouler la section centrale de vos doigts en mouvements circulaires sans que vos mains quittent le corps. Ces mouvements de jointures dissiperont les toxines restantes tout en assurant le massage des points d'excitation sexuelle.

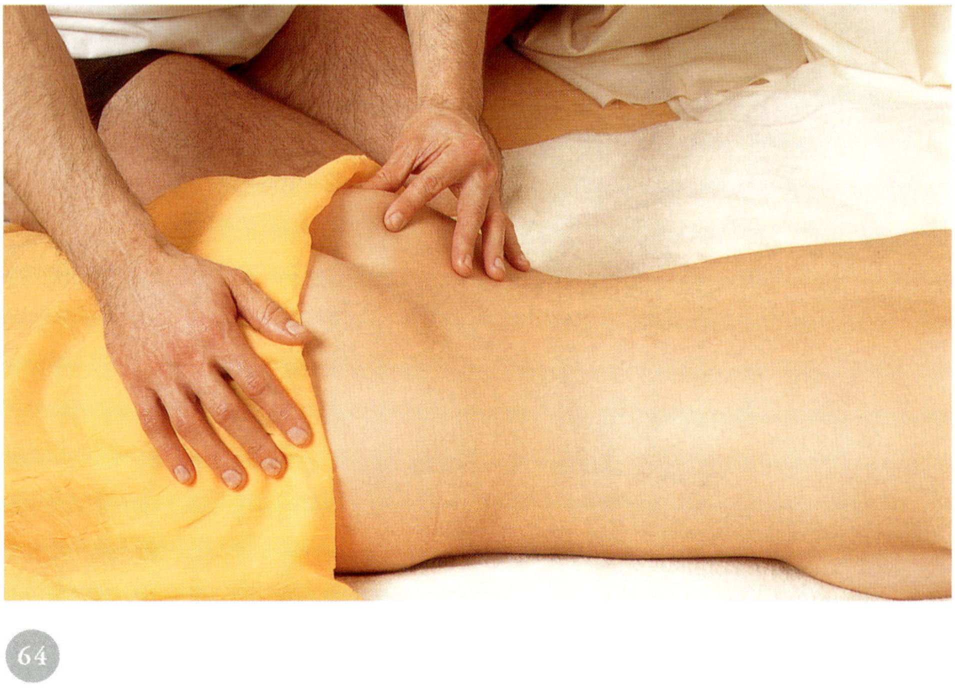

ÉTAPE 15 PINCEMENT DES FESSES

Le pincement est un mouvement très sensuel lorsqu'on le pratique sur les fesses, en plus d'avoir un effet bénéfique additionnel sur le tonus et la forme des fesses. Placez les deux paumes des mains à plat sur les fesses. Doucement, attrapez de petits amas de chair entre le pouce et la pulpe des doigts, pour ensuite les laisser glisser entre vos mains.

Le Cou et les Épaules

Cette région présente toujours des tensions et des raideurs. Il est très courant que l'on rentre les épaules ou qu'on les soulève. Les tensions sont aussi souvent présentes dans le cou, causant migraines et maux de tête.

Étape 16 Cercles sur les Omoplates

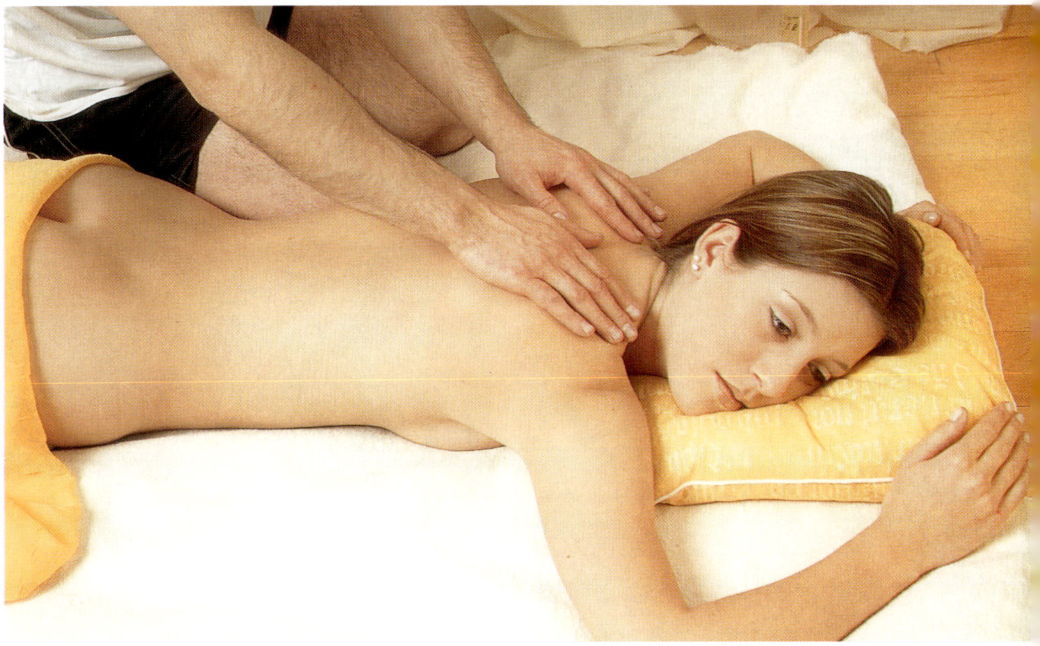

Placez une paume sur l'omoplate droite et l'autre sur l'omoplate gauche.

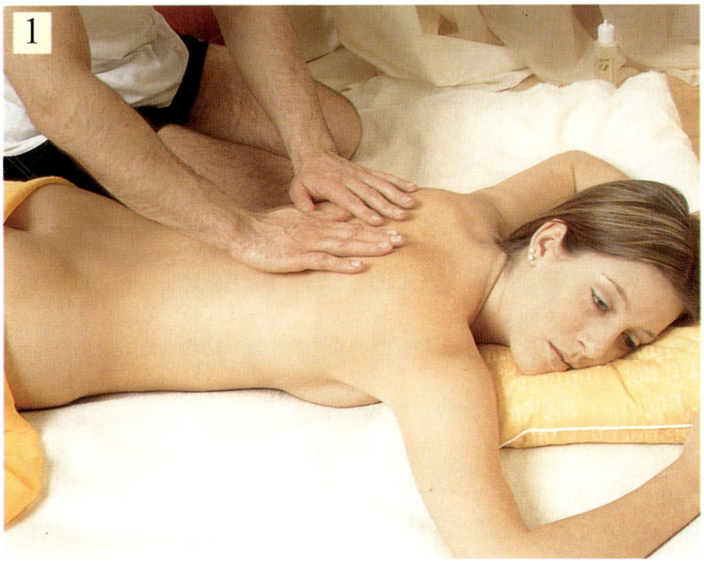

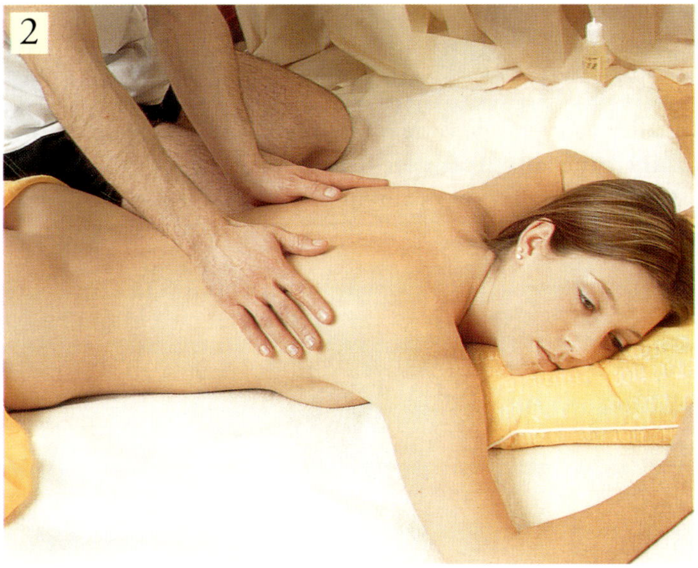

Imprimez de larges cercles extérieurs avec les deux mains simultanément. (1, 2)

ÉTAPE 17 CARESSES CIRCULAIRES SUR UNE ÉPAULE, UNE MAIN PAR-DESSUS L'AUTRE

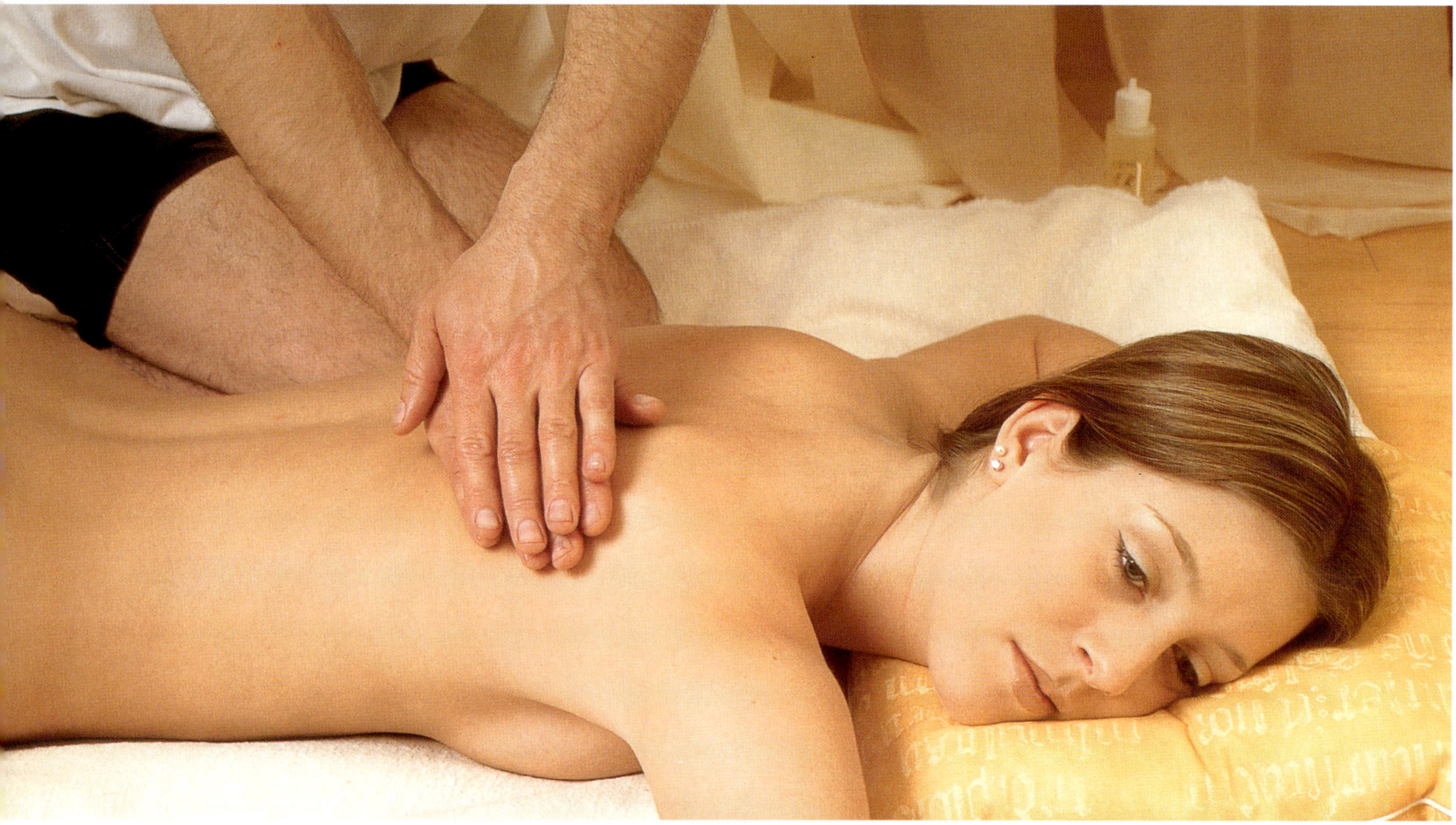

Installez-vous près de votre partenaire. Placez une main à plat sur l'autre, et en vous servant de toute la main, faites de larges mouvements circulaires sur et autour de l'omoplate opposée à vous.

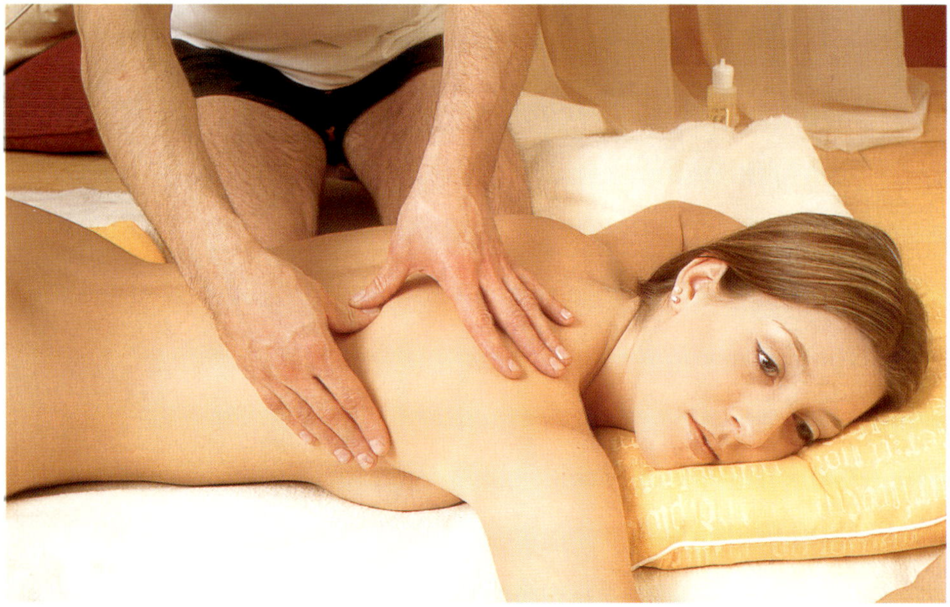

ÉTAPE 18 PRESSIONS DU POUCE AUTOUR DE L'OMOPLATE

Maintenant que cette région a été réchauffée et détendue, vous allez travailler plus en profondeur pour dissiper les tensions qui se concentrent autour des omoplates. Toujours en travaillant sur l'épaule opposée, placez la partie charnue de vos pouces sous l'omoplate, et imprimez des mouvements circulaires autour de cette région, en remontant graduellement.

Répétez les étapes 17 et 18 de l'autre côté.

ÉTAPE 19 PÉTRISSAGE DES ÉPAULES

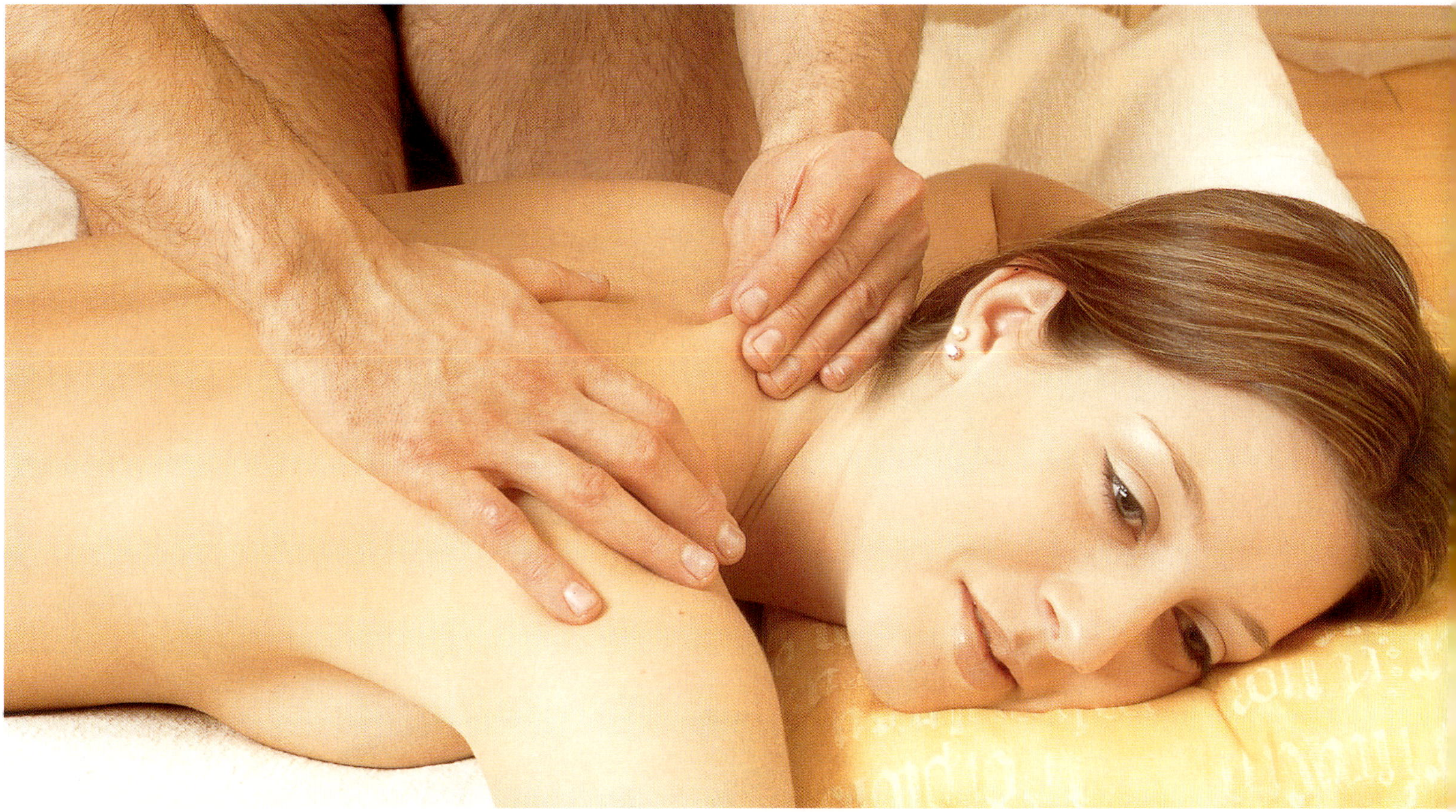

En faisant alterner les deux mains, travaillez autour des épaules de façon rythmique en pétrissant et en ramenant la chair vers vous.

ÉTAPE 20 PÉTRISSAGE DU COU

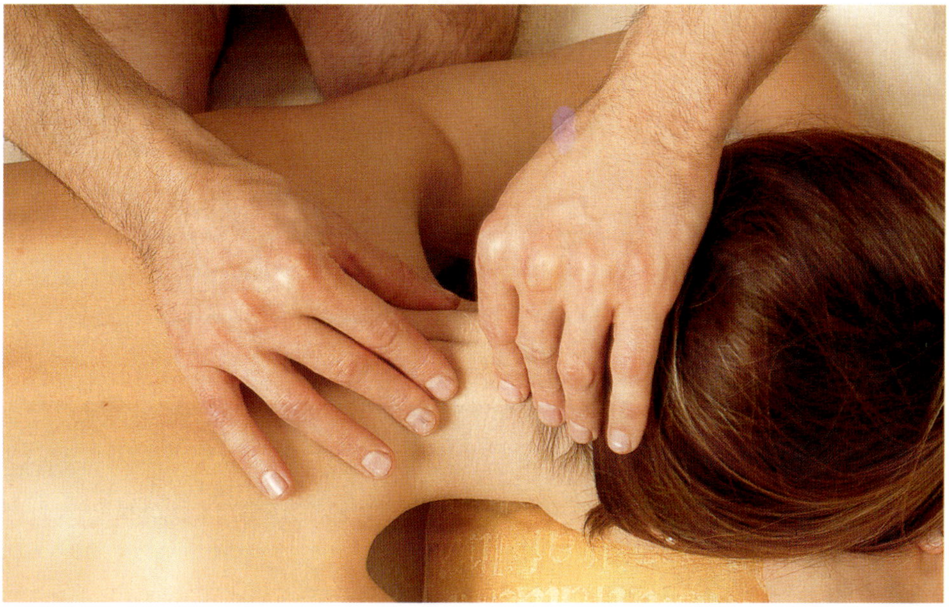

Demandez à votre partenaire de mettre son front dans ses mains pour que l'arrière du cou soit bien droit. Placez les deux mains à plat en leur faisant épouser les contours du cou. Très DOUCEMENT, attrapez et pétrissez les muscles du cou, en vous assurant que vous vous servez de toute la main et non seulement de vos doigts, parce que cela pourrait pincer.

ÉTAPE 21 CARESSES ÉTENDUES DANS LE DOS

Installez-vous confortablement à genoux, à la tête de votre partenaire. Placez vos mains les paumes à plat en haut des épaules. Caressez tout le dos en descendant jusque sur les fesses. Laissez glisser vos mains jusqu'à votre point de départ sans exercer de pression.

ÉTAPE 22 CARESSES EN DIAGONALE

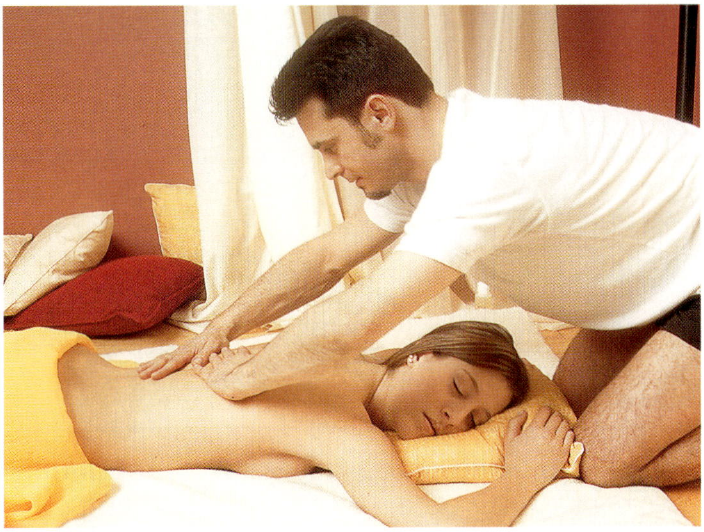

Installez-vous d'un côté de votre partenaire près des fesses ou assoyez-vous à califourchon. Placez la paume de votre main droite à plat à la base du cou et caressez lentement le dos en n'exerçant à peu près pas de pression. Quand votre main droite atteindra les fesses, soulevez-la et répétez le mouvement avec votre main gauche. Répétez ces mouvements plusieurs fois, une main après l'autre. Cela devrait donner une impression de mouvement continu.

ÉTAPE 23 CARESSES DE CHAT

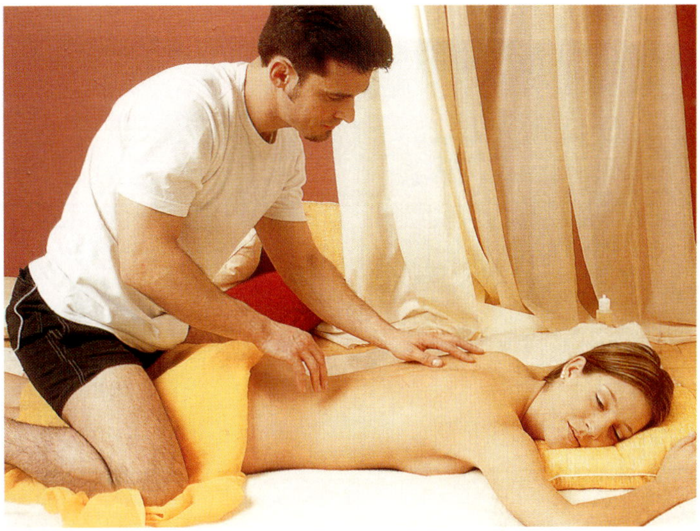

Toujours agenouillé à la tête de votre partenaire, paumes à plat, croisez vos mains l'une sur l'autre à la base du cou. Éloignez-les lentement l'une de l'autre dans des directions opposées, de sorte qu'au moment où elles atteindront les côtés du corps, elles formeront un « V ». Ramenez-les lentement ensemble et répétez ce mouvement jusqu'à ce que vous atteigniez les fesses. Vous pouvez également travailler à partir des fesses en remontant vers le cou.

ÉTAPE 24
CARESSES AVEC LES REVERS DES MAINS

Placez les revers de vos mains en haut du corps, de chaque côté de la colonne vertébrale, et descendez-les doucement jusqu'aux fesses. Faites ensuite glisser les revers de vos mains vers le haut jusqu'à votre point de départ en longeant les côtés du corps.

ÉTAPE 25
LA TOUCHE FINALE – CARESSES DU BOUT DES DOIGTS

En travaillant de côté près des fesses ou assis à califourchon, caressez le dos avec la pulpe des doigts, de manière à l'effleurer à peine, en descendant lentement.

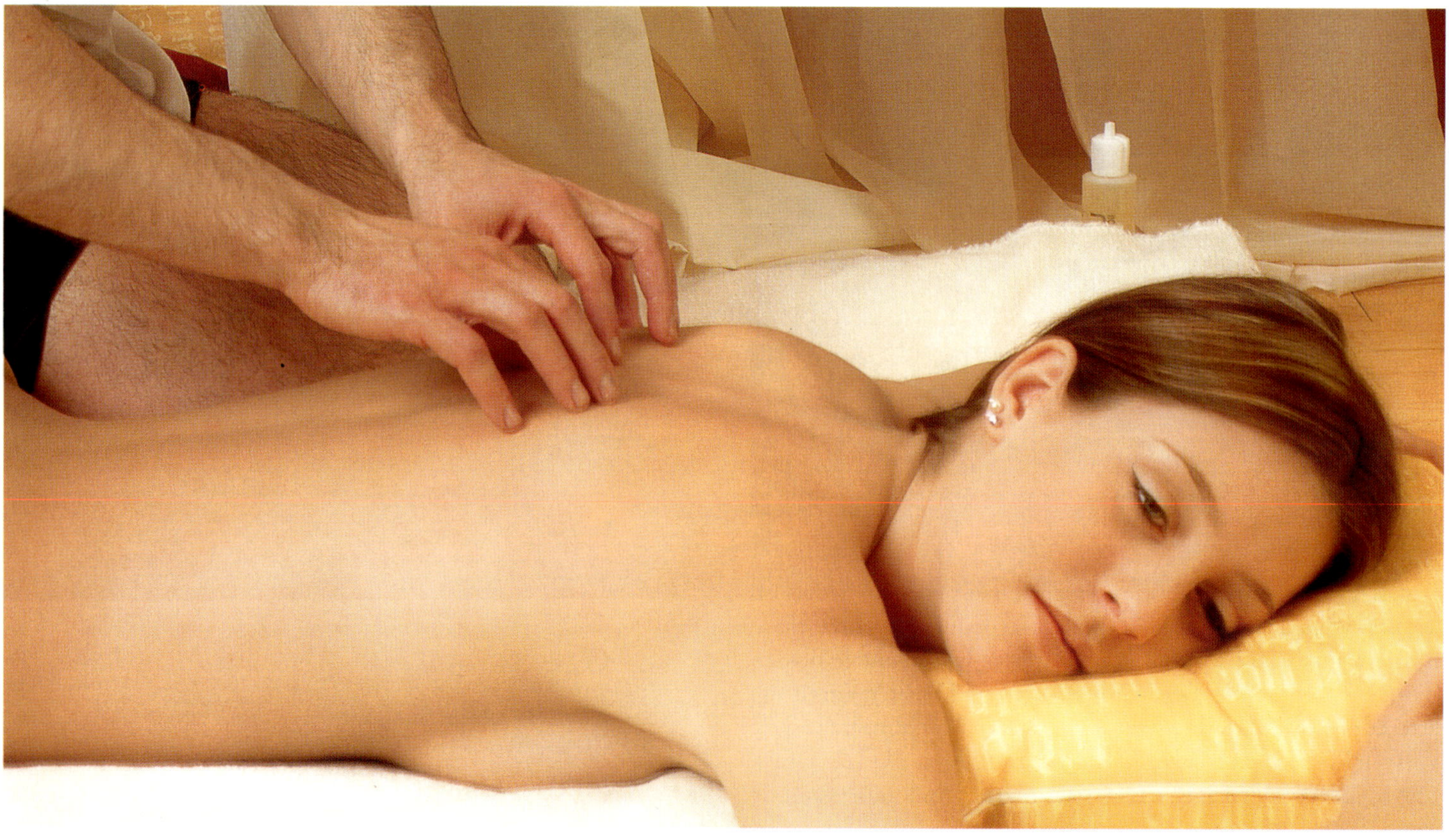

Massage Sensuel de l'Arrière de la Jambe

Le massage des jambes est très bénéfique parce qu'il améliore la circulation sanguine, aide à prévenir les varices, soulage les tensions et les crampes musculaires, réduit l'enflure des jambes et des chevilles et combat la cellulite. Il est également très sensuel, particulièrement dans la région interne de la cuisse. Vous trouverez dans cette section quelques mouvements utiles pour les jambes.

Étape 1 Établir le contact

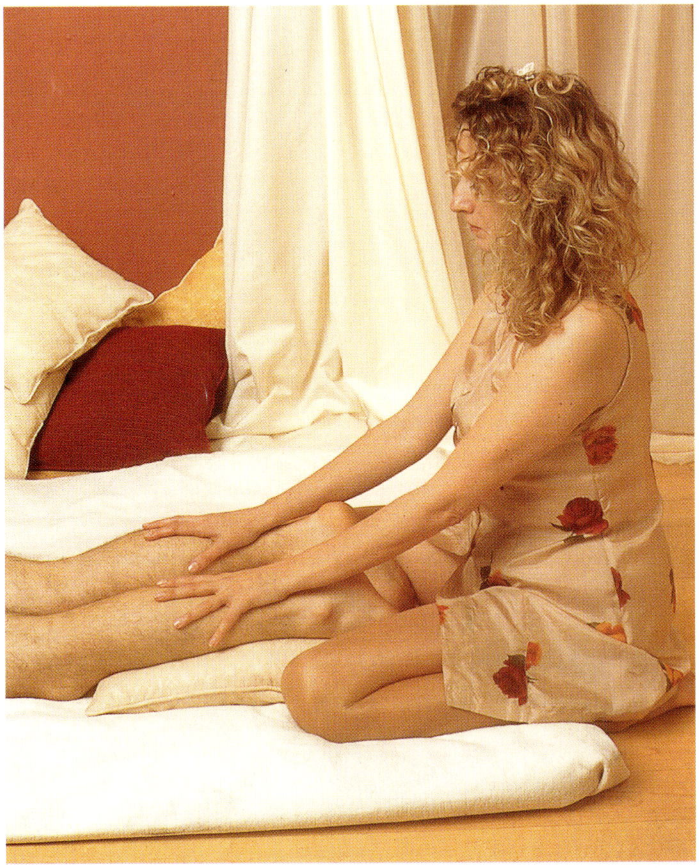

Agenouillez-vous aux pieds de votre partenaire et posez les paumes de vos mains en douceur sur chaque jambe. Prenez quelques inspirations profondes jusqu'à ce que vos tensions disparaissent.

Étape 2 Caresses étendues des deux jambes

Placez les paumes des mains à l'arrière des chevilles. Caressez les deux jambes vers le haut, à partir des chevilles jusqu'aux fesses, vos mains épousant le contour des jambes.

Glissez en revenant vers le bas des jambes avec la légèreté d'une plume.

ÉTAPE 3 PÉTRISSAGE DE LA JAMBE

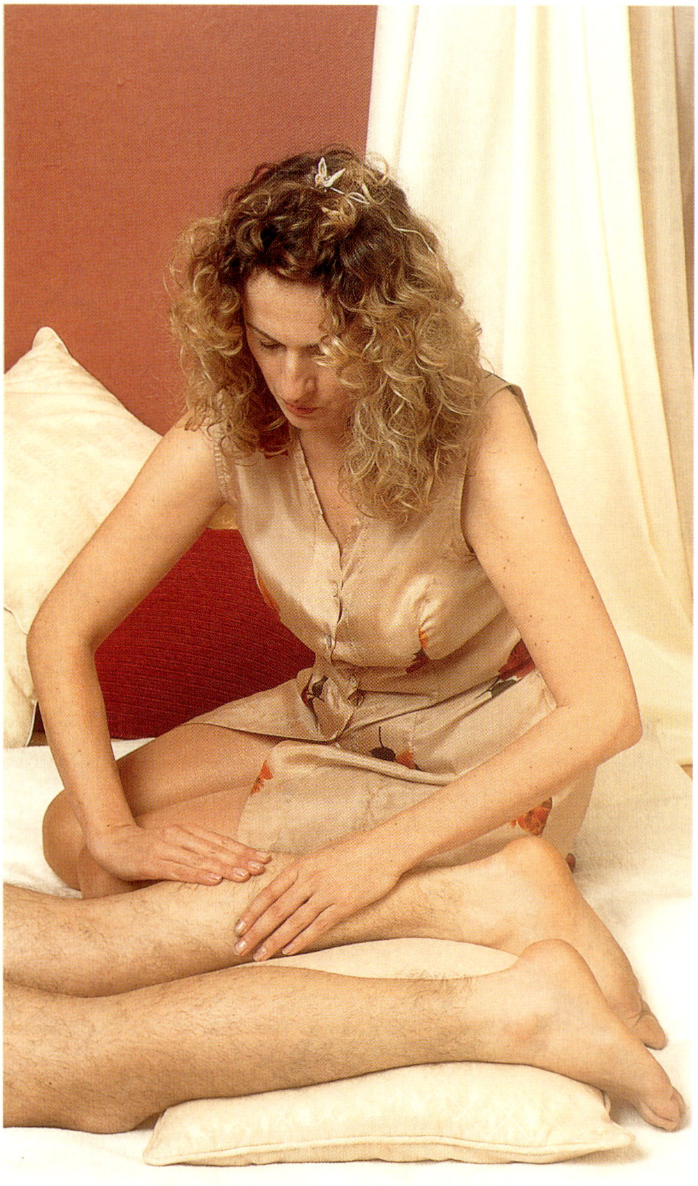

Installez-vous près de votre partenaire et placez vos deux mains à plat sur les muscles du mollet. Avec une main, attrapez et pétrissez le muscle (pas la peau) et ramenez-le vers l'autre main. Au moment où vous lâchez prise, servez-vous de l'autre main pour attraper une nouvelle masse de chair.

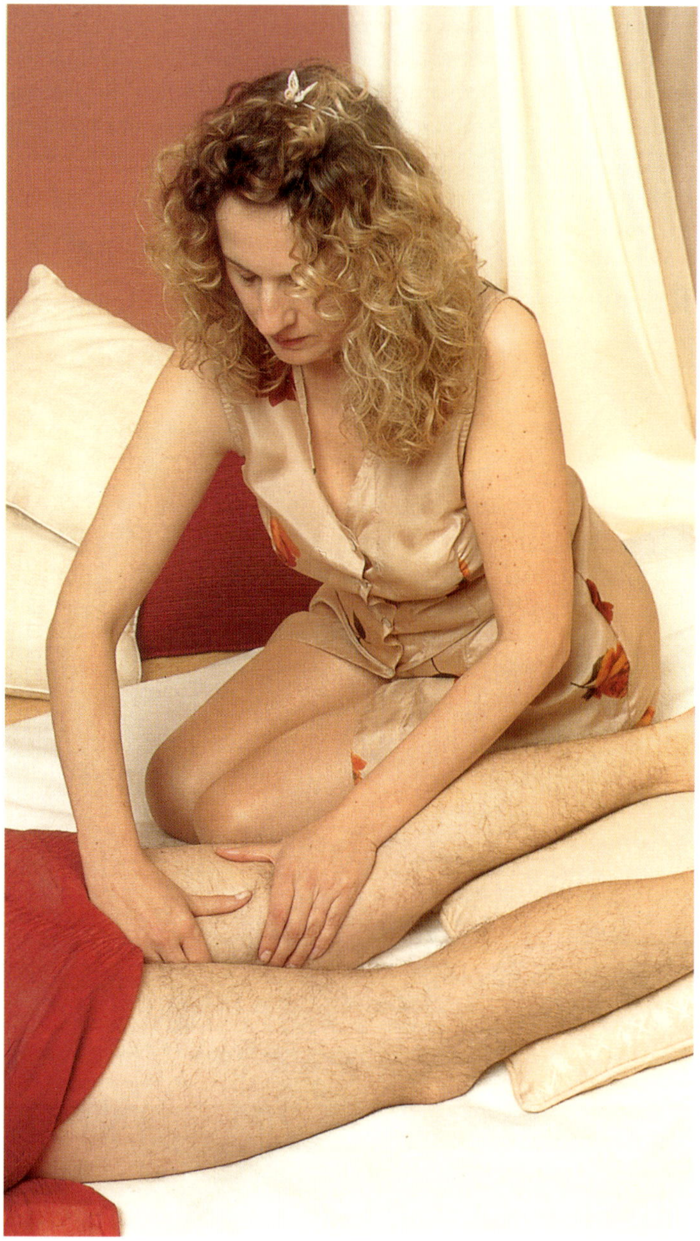

En alternance, pétrissez et relâchez des plis de chair en travaillant le mollet et la cuisse. Gardez un rythme lent pour une relaxation profonde.

ÉTAPE 4 CARESSES DE L'ARRIÈRE DE LA JAMBE - TALONS DES MAINS EN ALTERNANCE

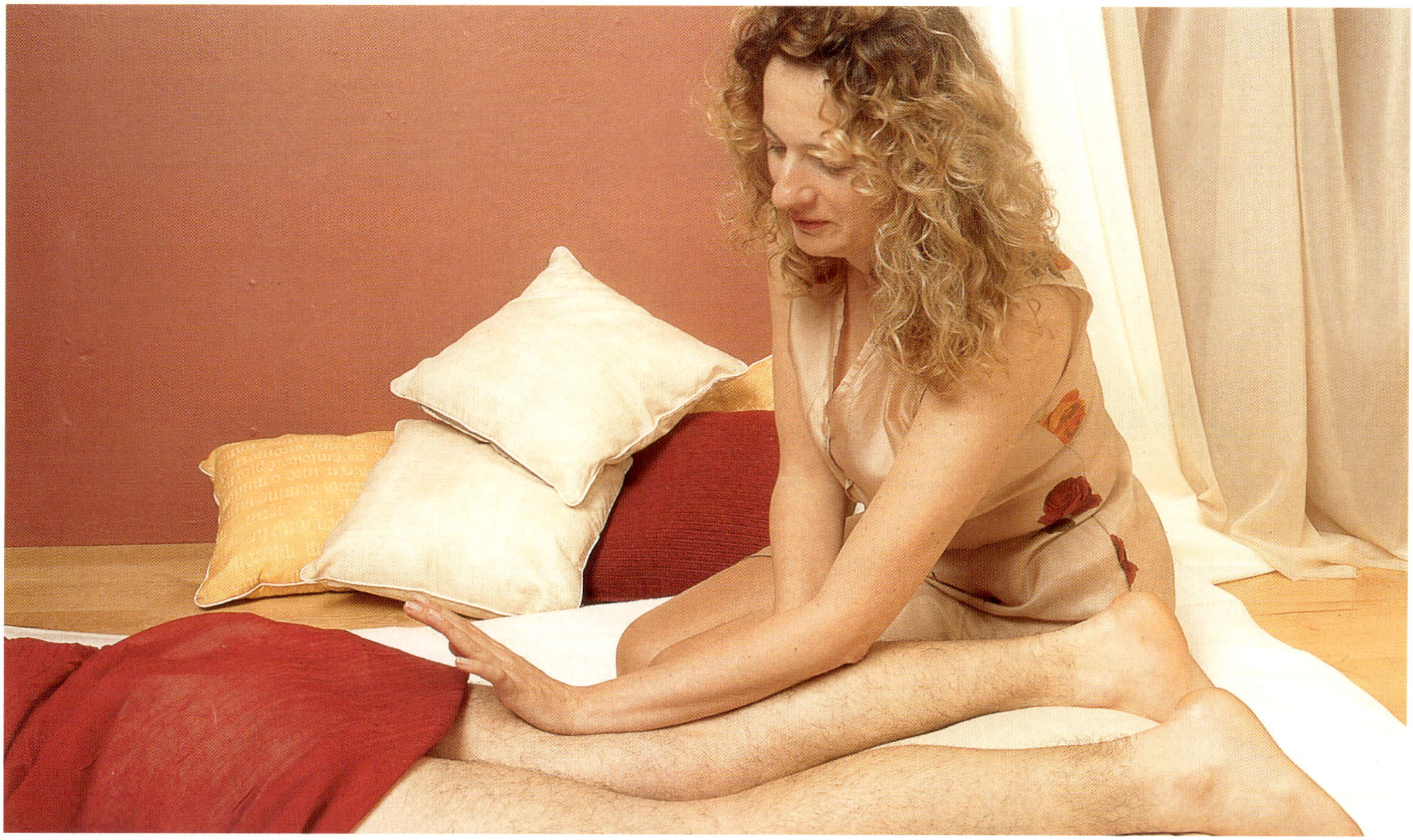

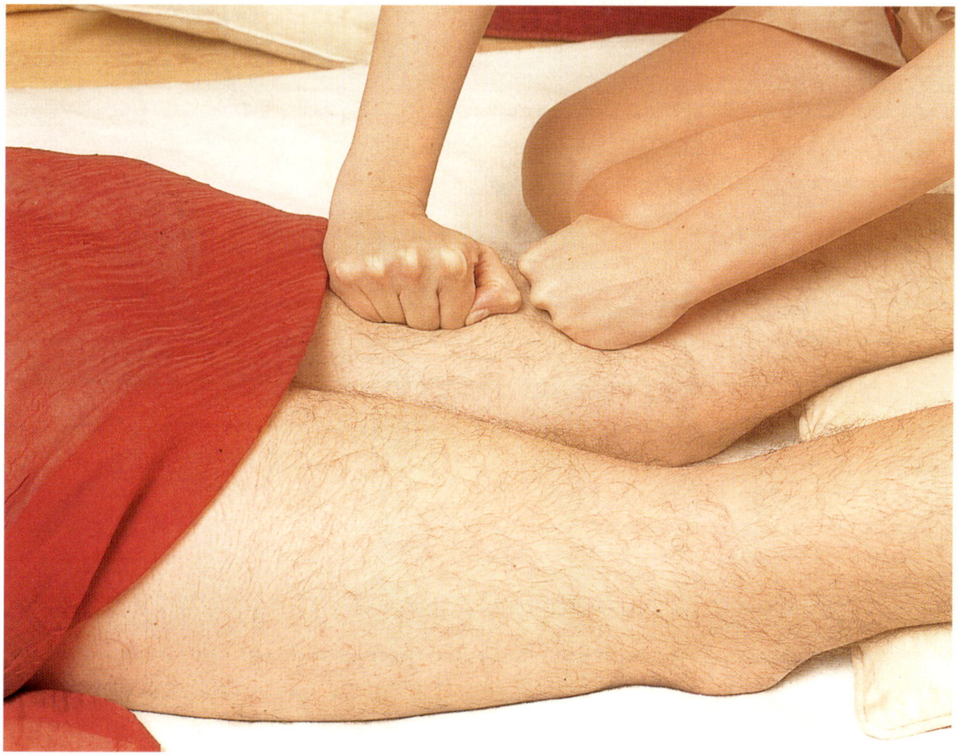

Placez les talons de vos mains juste audessus de l'arrière du genou. (N'exercez pas de pression sur l'arrière du genou, parce que cette région est très sensible.) Poussez fermement d'une main sur l'arrière de la cuisse en remontant, puis poussez avec l'autre main. Laissez les talons de vos mains se déplacer en alternance jusqu'au haut de l'arrière de la cuisse.

ÉTAPE 5 MASSAGE DE LA CUISSE AVEC LES JOINTURES

Si les jambes sont vraiment congestionnées ou s'il y a présence d'une cellulite persistante, cela nécessitera certains mouvements en profondeur. Fermez les poings légèrement et placez-les sur une des cuisses. Faites rouler vos poings en mouvements circulaires pour briser et éliminer les dépôts de gras.

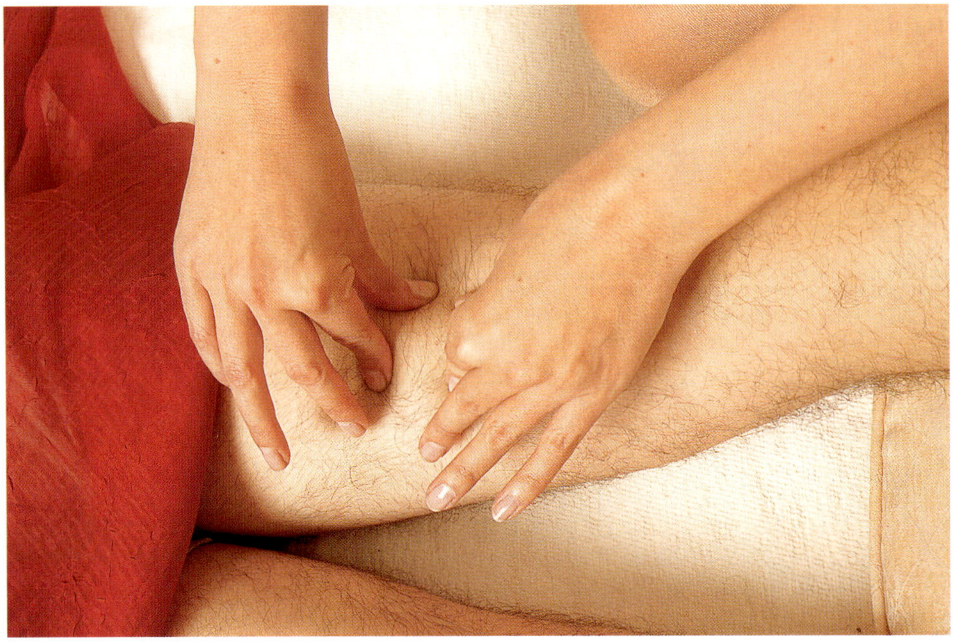

ÉTAPE 6 PINCEMENT DE LA CUISSE

Placez les deux mains, les paumes vers le bas, sur une région charnue de la cuisse, et attrapez doucement de petits plis de chair entre le pouce et la pulpe des doigts. Laissez-les ensuite glisser de vos mains.

ÉTAPE 7 LA TOUCHE FINALE – CARESSES DU BOUT DES DOIGTS EN ALTERNANCE

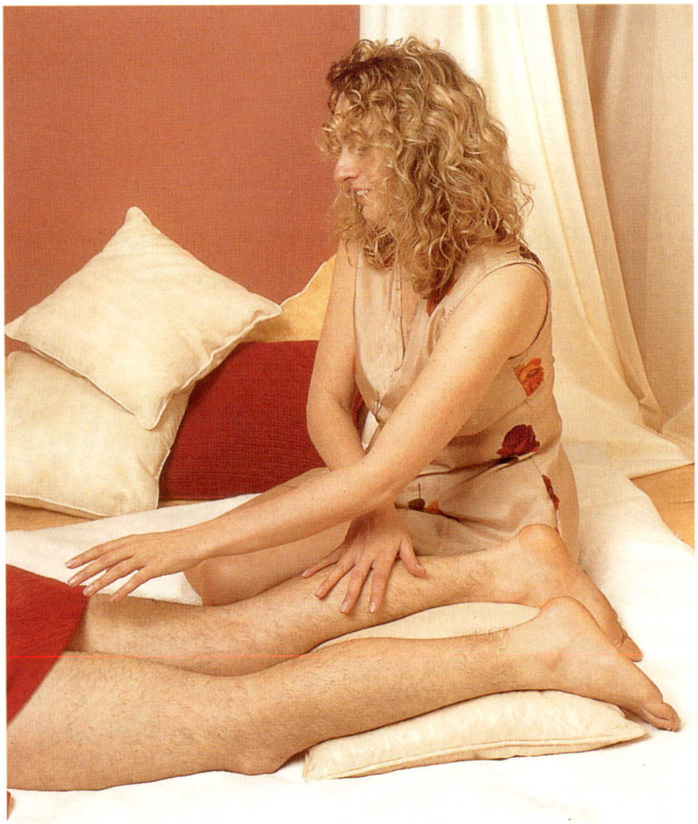

En commençant au haut de la cuisse, caressez lentement jusqu'au bas de la jambe en vous servant seulement de la pulpe des doigts d'une main, de manière à toucher à peine la peau.

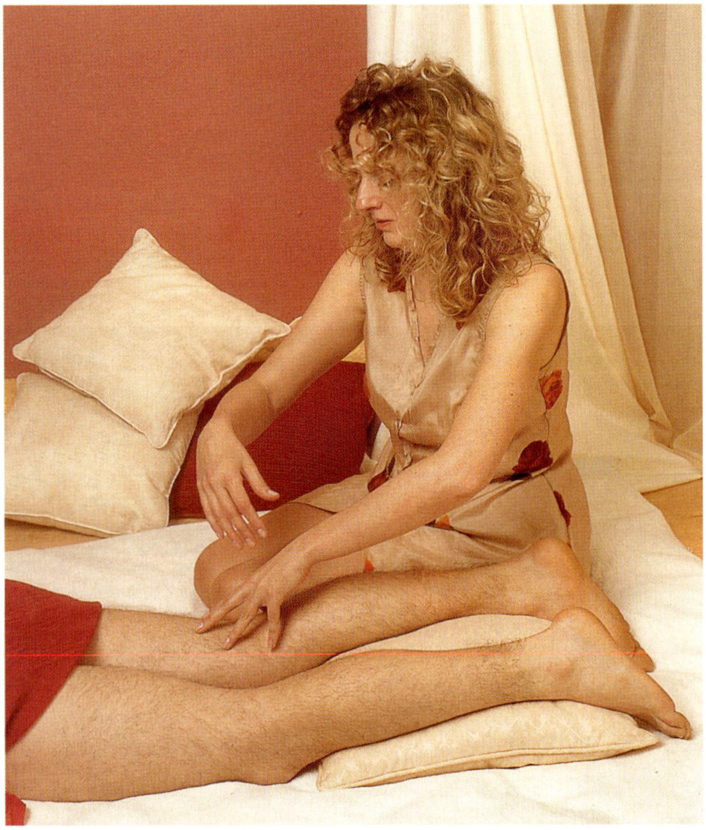

Au moment où votre première main atteint la cheville, soulevez-la doucement pendant que l'autre main prend le relais. Répétez les étapes 3 à 7 sur l'autre jambe.

Le Devant du Corps

Demandez à votre partenaire de se retourner. Placez des coussins ou des oreillers sous sa tête et un autre sous ses genoux pour un maximum de confort.

Étape 1 Caresses du pied

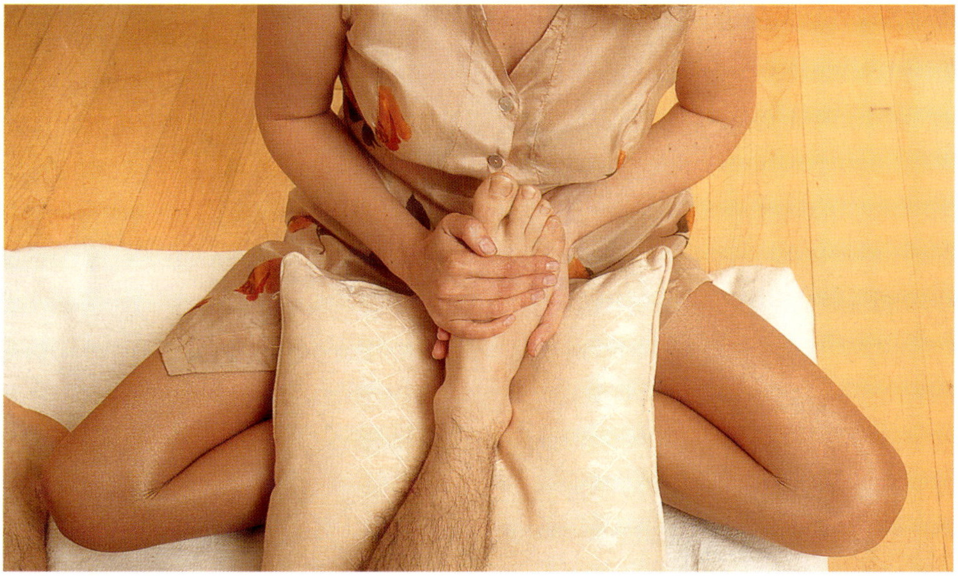

Massage Sensuel du Pied et du Devant de la Jambe

Les pieds sont une région très sensuelle. En réflexologie, le pied est considéré comme le miroir précis du corps. Tous les organes et parties du corps se retrouvent en miniature sur le pied, ce qui fait que lorsque vous le massez, tout le corps s'en ressent, et non seulement le pied.

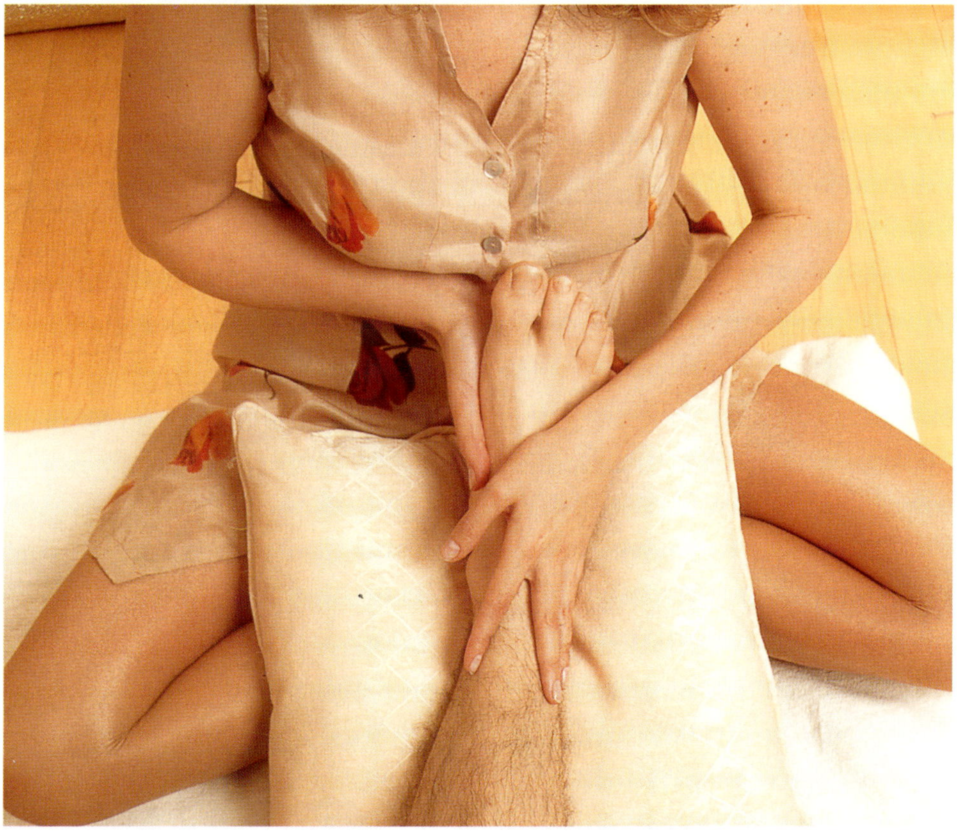

Vous aurez besoin d'une infime quantité d'huile pour masser les pieds. Trop de lubrifiant rendrait la chose ardue. Vous auriez du mal à bien tenir le pied, parce que vos doigts glisseraient et perdraient prise. Serrez doucement le pied entre vos deux mains pour établir le contact.

Avec vos deux mains, caressez tout le pied fermement pour éviter que cela ne chatouille. Couvrez le dessus, les côtés et la plante du pied. Travaillez à partir des orteils et remontez en glissant jusqu'à l'astragale, dans un aller-retour que vous répéterez plusieurs fois pour bien détendre le pied et pour aider à dissiper tout excès de liquide, surtout autour de la cheville.

ÉTAPE 2 PÉTRISSAGE DU PIED

Entourez le pied d'une main, le pouce touchant la plante et les doigts sur le dessus. Fermez l'autre main en poing et placez-la sur la plante du pied. En un mouvement circulaire léger, travaillez de la plante du pied au talon.

ÉTAPE 3 « OUVERTURE DU PIED »

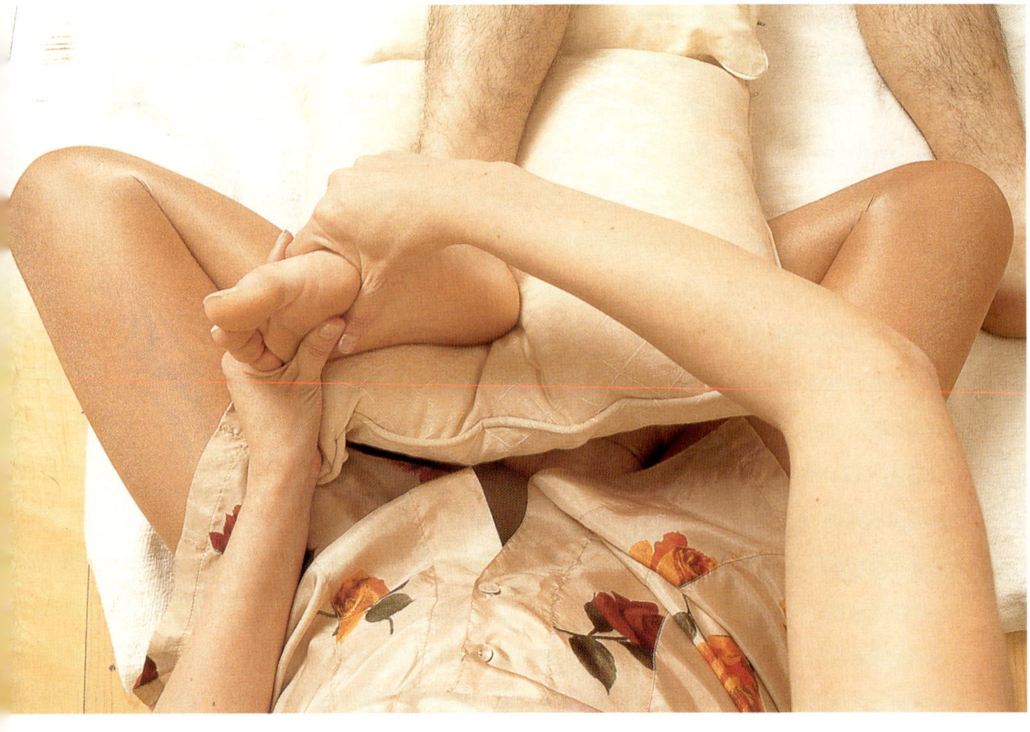

En tenant le pied de vos deux mains, placez les pouces sur la plante alors que vos doigts reposent sur le dessus; l'une de vos mains devrait être légèrement plus haute que l'autre. Écartez les pouces jusqu'aux côtés du pied, puis ramenez-les l'un vers l'autre. Travaillez en zigzag dans un aller-retour de la base des orteils jusqu'aux talons, comme si vous vouliez ouvrir le pied.

ÉTAPE 4 PALPÉ-ROULÉ DU PIED

Placez une main sur la face intérieure du pied et l'autre sur sa face extérieure. En vous servant des talons de vos mains, tirez l'extérieur du pied vers vous avec une main, pendant que vous repoussez l'intérieur loin de vous, et vice-versa. Travaillez le long des bords du pied à partir du talon jusqu'aux orteils, puis redescendez.

ÉTAPE 5 ASSOUPLISSEMENT DES ORTEILS

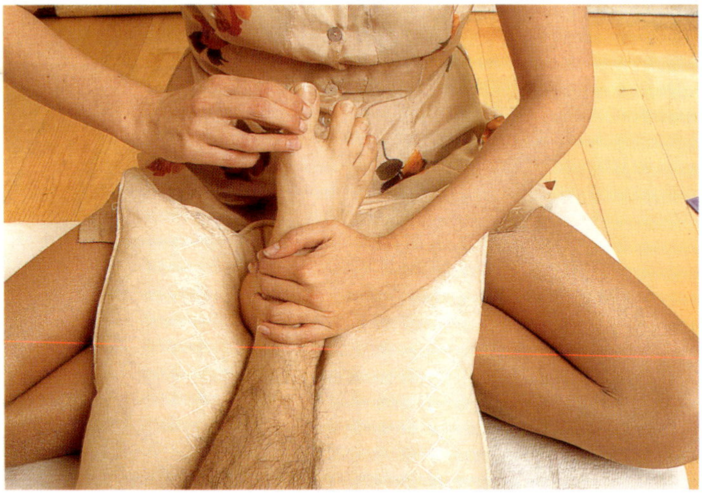

Tenez le pied avec une main. Avec le pouce et l'index de l'autre main, étirez doucement et exercez une rotation de l'orteil dans le sens des aiguilles d'une montre, puis dans le sens inverse.

ÉTAPE 6 DÉGAGEMENT DES CHEVILLES

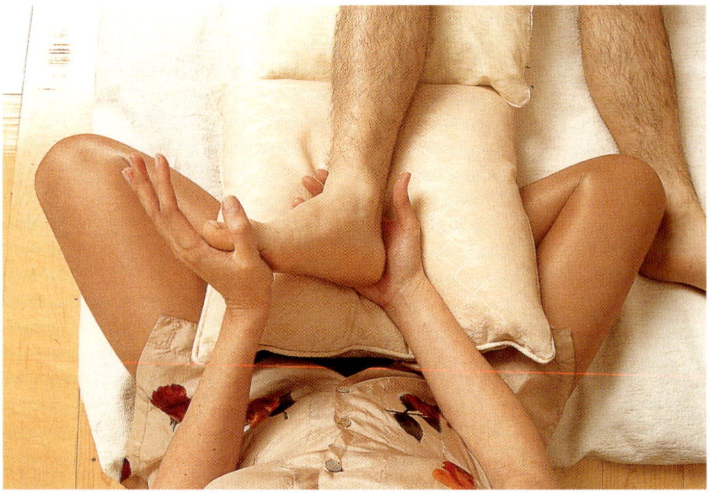

Prenez le talon dans une main en attrapant le haut du pied avec l'autre main. Lentement et doucement, faites rouler la cheville d'abord dans une direction, puis dans l'autre.

ÉTAPE 7 CARESSES ÉTENDUES DE L'AVANT DE LA JAMBE

Caressez en remontant la jambe, à partir de la cheville jusqu'au haut de la cuisse, en évitant une trop forte pression sur le genou. Quand vos mains auront atteint le haut de la cuisse, faites-les glisser doucement vers le bas sur les côtés.

ÉTAPE 8 PÉTRISSAGE DE LA CUISSE

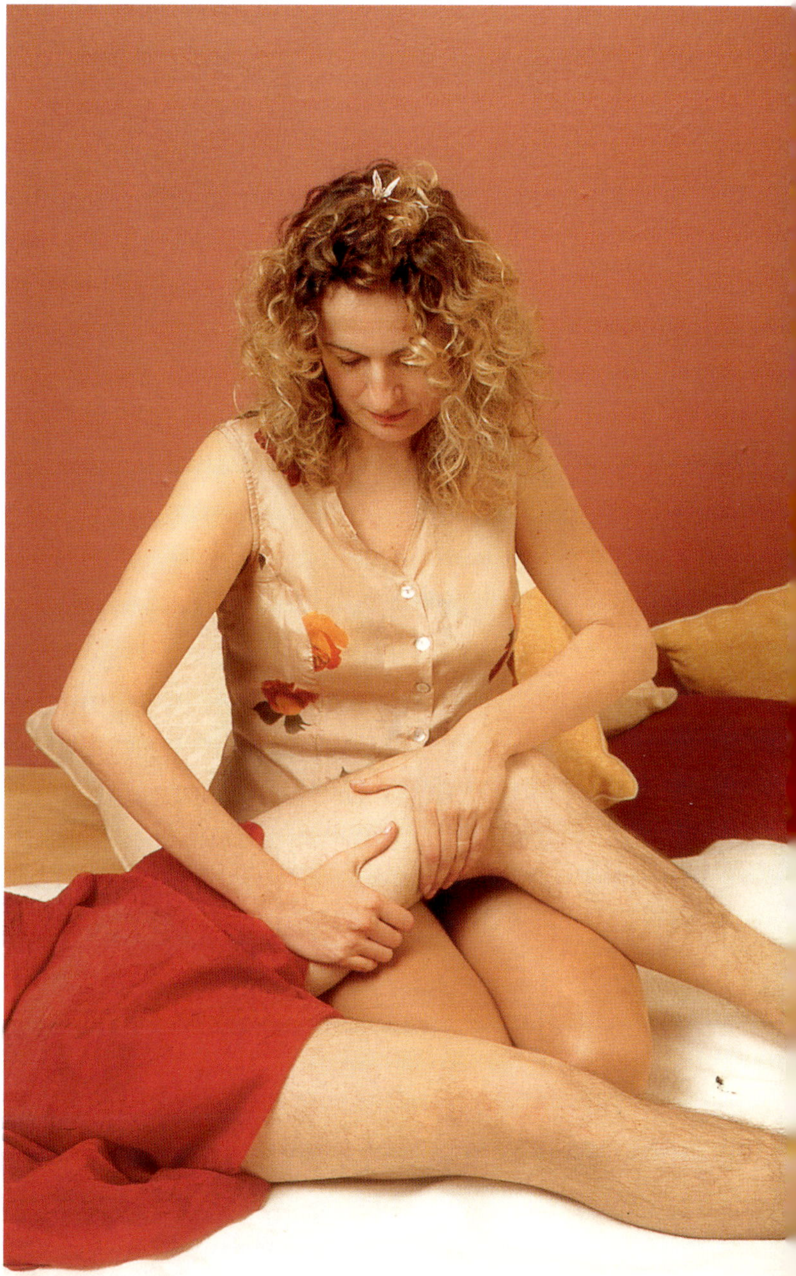

Pétrissez les muscles de la cuisse en serrant et en ramenant la chair vers vous en vous servant de vos deux mains en alternance.

ÉTAPE 9 PRESSIONS CIRCULAIRES DU POUCE SUR LA CUISSE

Les points d'excitation sexuelle sont très présents le long de la face interne de la cuisse. Placez la pulpe des pouces juste au-dessus du genou, sur la partie interne de la cuisse. Exécutez de petits mouvements circulaires avec vos pouces jusqu'à ce que vous atteigniez la région pubienne.

ÉTAPE 10 LA TOUCHE FINALE – CARESSES DU BOUT DES DOIGTS

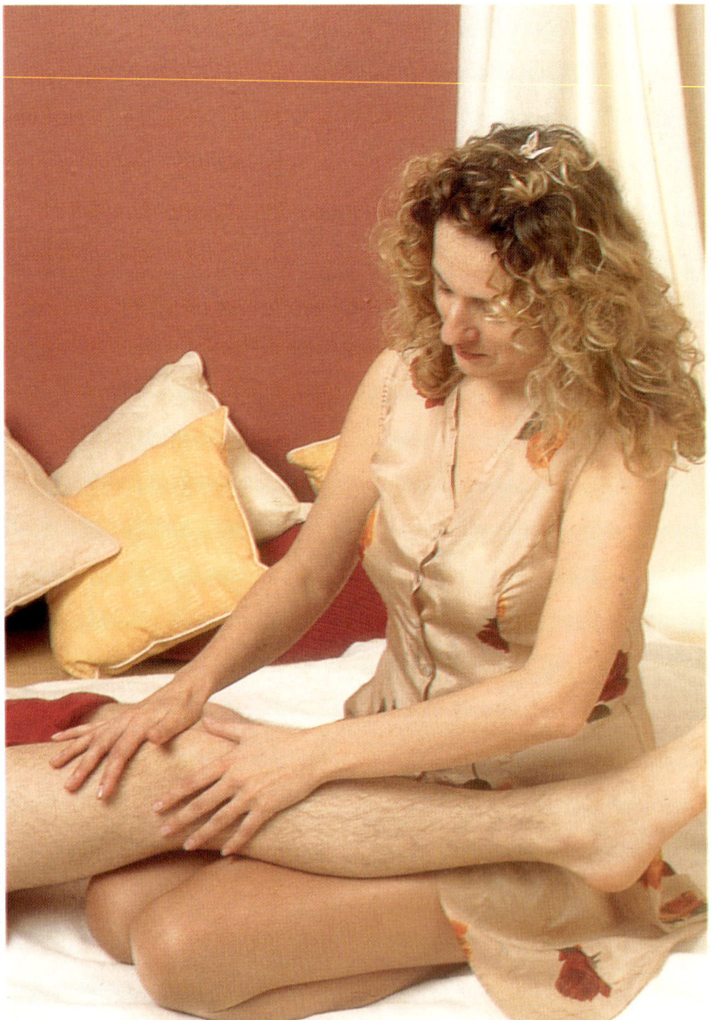

Placez les deux mains, bouts des doigts vers le bas, au haut de la cuisse. Avec les deux mains, caressez en descendant le long de la cuisse en vous servant uniquement de la pulpe de vos doigts. Extrêmement érotique.

Répétez toutes les étapes sur l'autre pied et sur le devant de la jambe.

Massage Sensuel de l'Abdomen

Se faire masser l'abdomen est une expérience extraordinaire. Très relaxant, ce massage fait disparaître les tensions que de nombreuses personnes emmagasinent dans cette région. Un massage en douceur du ventre sera très bénéfique aux personnes qui ont des problèmes de digestion et de constipation, ou encore des problèmes de règles. Cette région comporte également de nombreux points de stimulation sensuelle.

Étape 1 Établir le contact

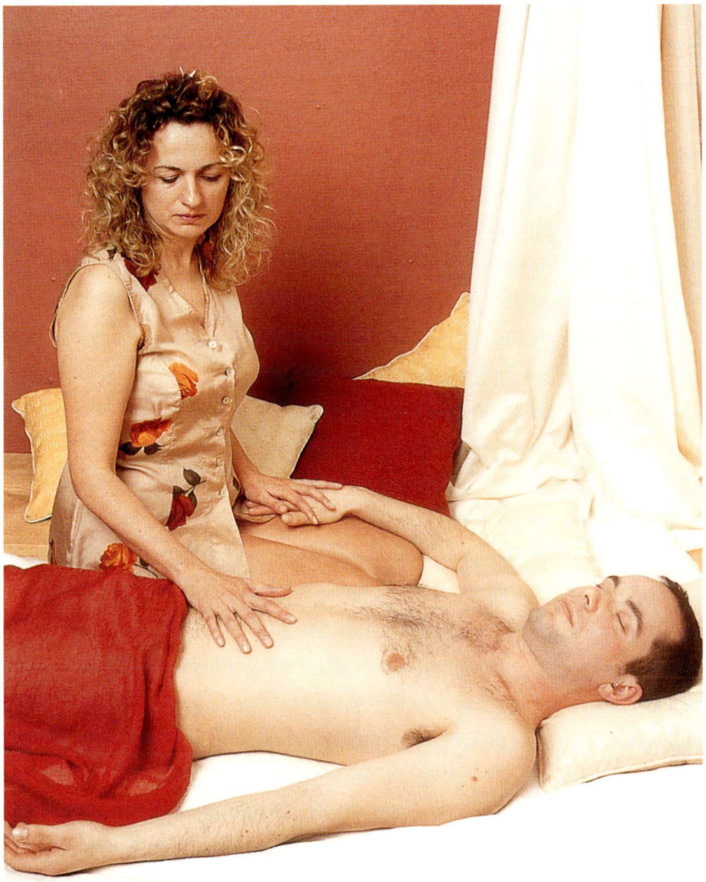

Agenouillez-vous confortablement près de votre partenaire. Abaissez doucement les mains pour les poser sur le nombril, et prenez quelques profondes inspirations. En alternance, vous pourriez choisir de poser l'une de vos mains sur celle de votre amant ou amante. En faisant ces gestes, vous vous apercevrez sans doute que la respiration de votre partenaire devient plus profonde.

Étape 2 Cercles autour du nombril

Avec une pression très douce et délicate, commencez à faire des cercles sur le nombril dans le sens des aiguilles d'une montre. Augmentez graduellement la grandeur de vos cercles de manière à couvrir toute la surface du ventre.

ÉTAPE 3 CARESSES CIRCULAIRES

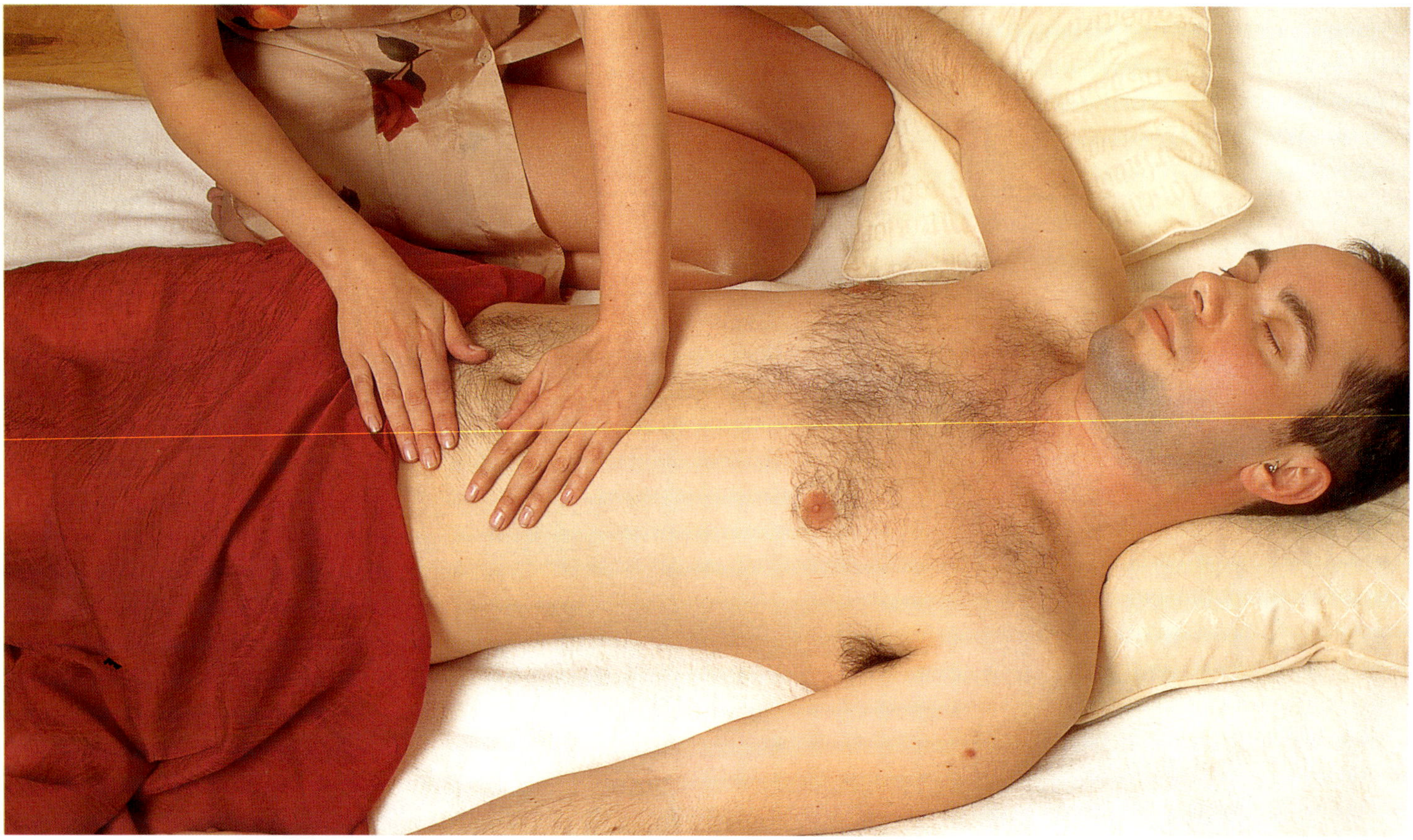

Placez vos mains à plat sur le ventre et imprimez des mouvements circulaires dans le sens des aiguilles d'une montre en vous servant de vos deux mains à la fois, l'une près de l'autre. Ce mouvement, lorsqu'il est bien exécuté, doit être ressenti comme un seul cercle continu.

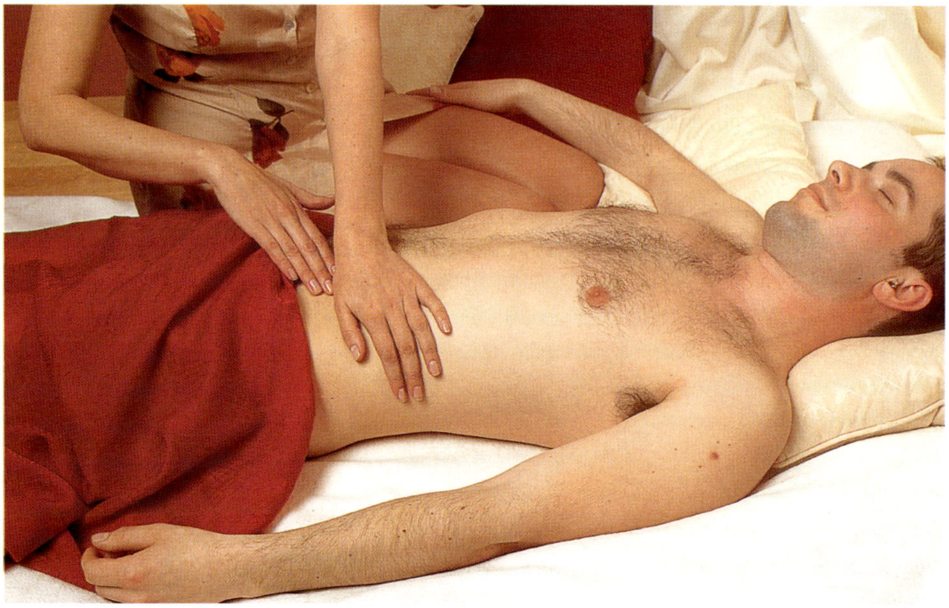

ÉTAPE 4 ÉTIREMENT

Placez les deux mains sur le côté opposé de votre partenaire, de manière à ce que le bout de vos doigts touche la surface de massage. Penchez-vous sur son corps et avec une main, caressez doucement et lentement en remontant de la taille jusqu'au nombril. Au moment où votre première main se retire, reprenez le mouvement avec l'autre main. Répétez ces étirements sur tout le côté de l'abdomen.

Si vous trouvez la position peu commode pour masser le côté plus près de vous, vous pouvez vous déplacer de l'autre côté de votre partenaire.

ÉTAPE 5 PÉTRISSAGE

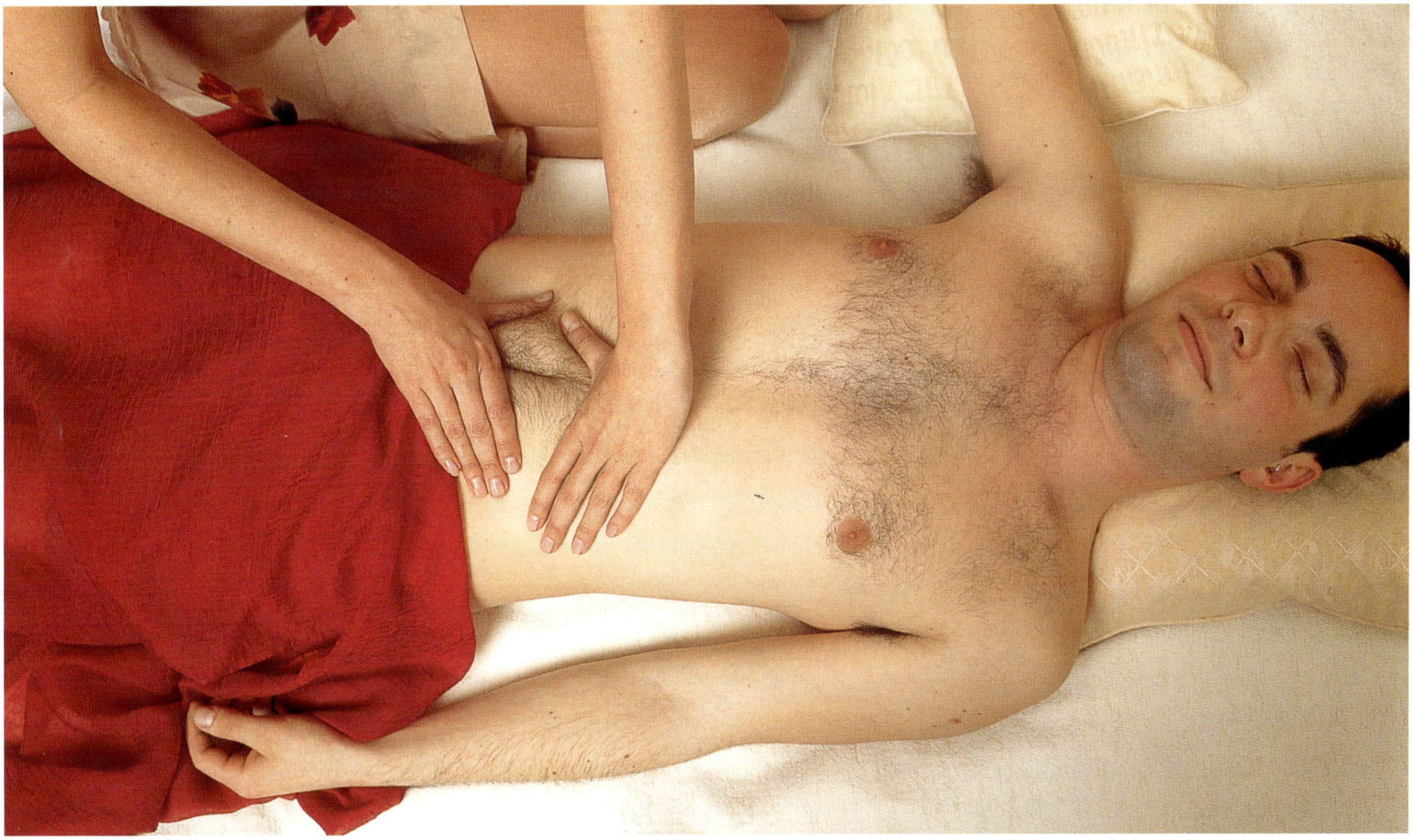

En alternance, pincez et relâchez la chair autour de la taille et des hanches du côté opposé. Il y a normalement beaucoup de chair à pétrir à cet endroit. Pétrissez ensuite le côté plus près de vous.

ÉTAPE 6 LA TOUCHE FINALE – CARESSES CIRCULAIRES DU BOUT DES DOIGTS

Avec la légèreté d'une plume, caressez le ventre dans le sens des aiguilles d'une montre, en effleurant à peine le corps du bout des doigts. Graduellement et lentement, retirez vos doigts.

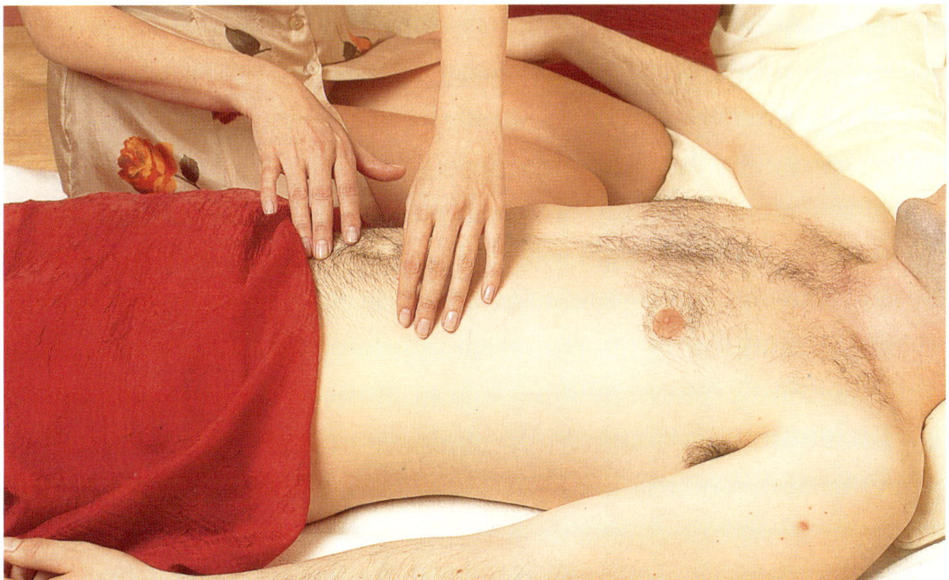

MASSAGE SENSUEL DES BRAS ET DES MAINS

Tout le long du jour, nos bras et nos mains sont constamment sollicités et sont exposés à de nombreux maux. Nous exprimons une grande gamme d'émotions à travers les mains et les bras. Nous démontrons amour et compassion aux autres en les prenant dans nos bras. Nous nous servons de nos bras et de nos mains pour réconforter nos amis et nous exprimer plus clairement. Nous pouvons également laisser passer des émotions négatives comme la colère et la frustration, par exemple en montrant le poing. Le massage de cette région peut alors aider à évacuer des émotions réprimées. Le massage des mains se répercute également sur notre état de santé général. Selon la réflexologie, les mains sont une carte miniature du corps, et en massant les zones réflexes, nous améliorons la santé de tout le corps.

ÉTAPE 1 ÉTABLIR LE CONTACT

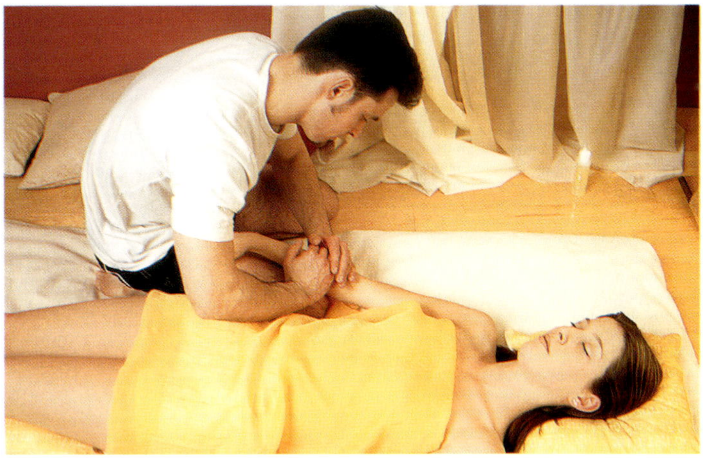

Agenouillez-vous à côté de votre partenaire, et laissez doucement reposer vos deux mains sur son bras. Prenez quelques bonnes inspirations et sentez la tension présente dans le bras et la main se relâcher.

ÉTAPE 2 CARESSES DU BRAS

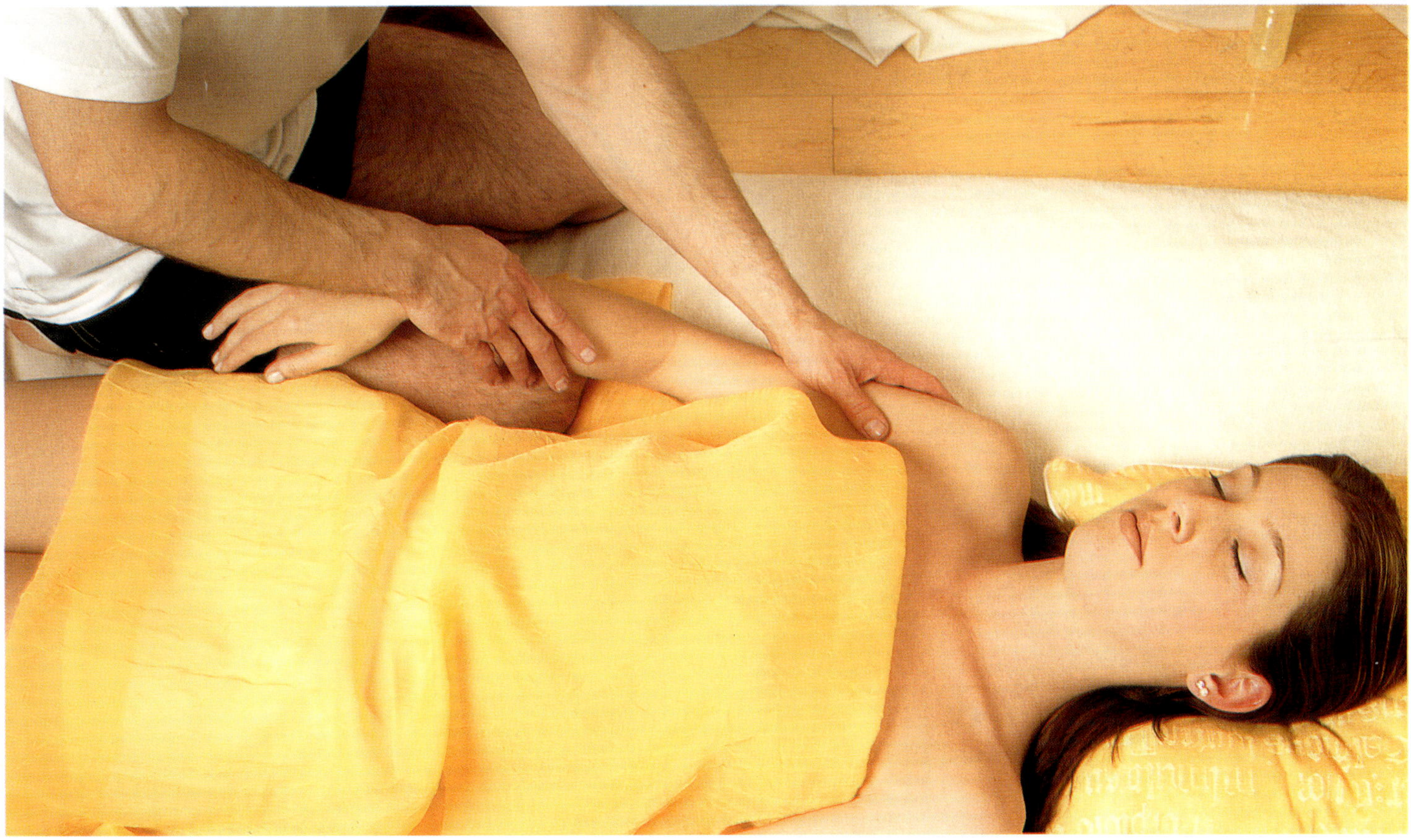

Placez vos mains en corolles sur le poignet de votre partenaire et caressez le bras du poignet jusqu'à l'épaule. En atteignant le haut du bras, ouvrez vos mains et redescendez en glissant le long des côtés, sans exercer de pression.

Étape 3 PÉTRISSAGE DE LA PARTIE SUPÉRIEURE DU BRAS

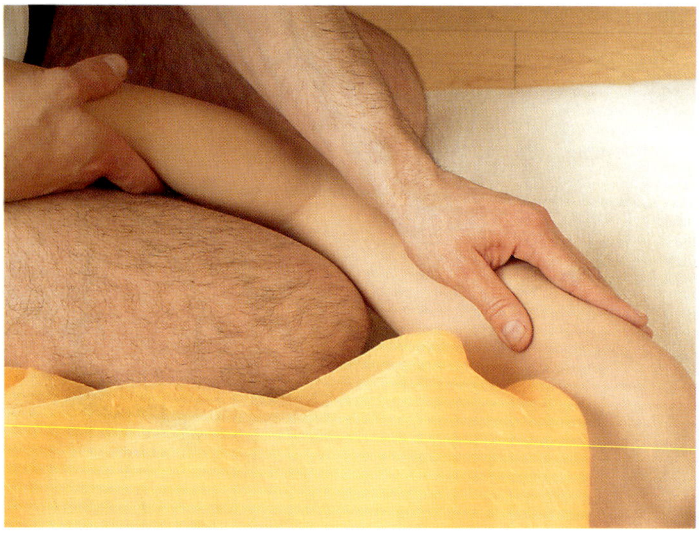

Avec vos deux mains, pétrissez les muscles de la partie supérieure du bras.

Étape 4 PÉTRISSAGE DE L'AVANT-BRAS

Placez la main de votre partenaire sur votre cuisse. Supportez le poignet avec l'une de vos mains et pétrissez doucement l'avant-bras avec l'autre main, du poignet jusqu'au coude.

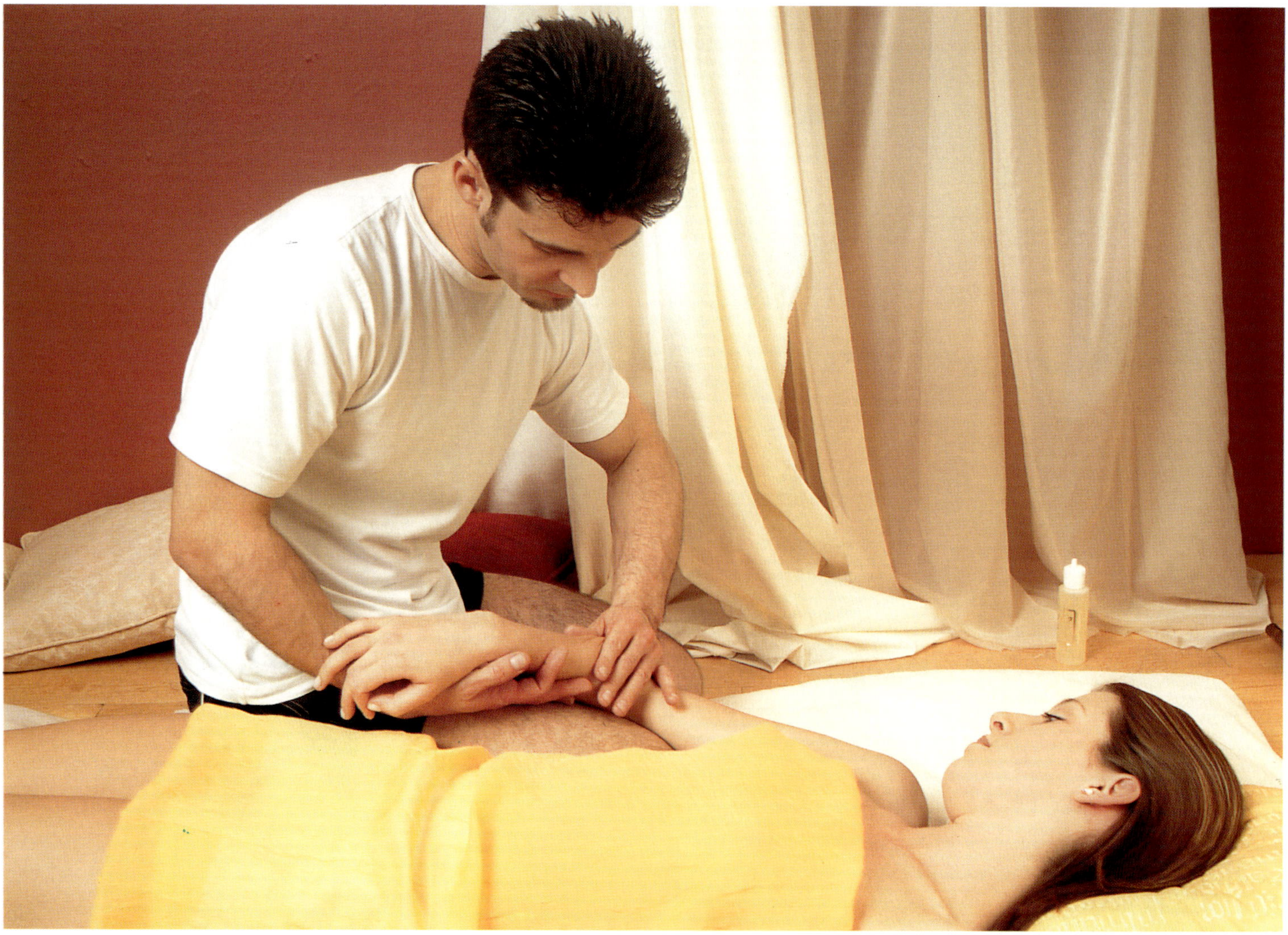

ÉTAPE 5 ASSOUPLISSEMENT DU POIGNET

Supportez la main avec vos doigts et servez-vous de vos pouces pour masser en douceur en petits cercles, tout autour de l'intérieur du poignet.

Retournez ensuite la main et travaillez l'autre côté de la même manière.

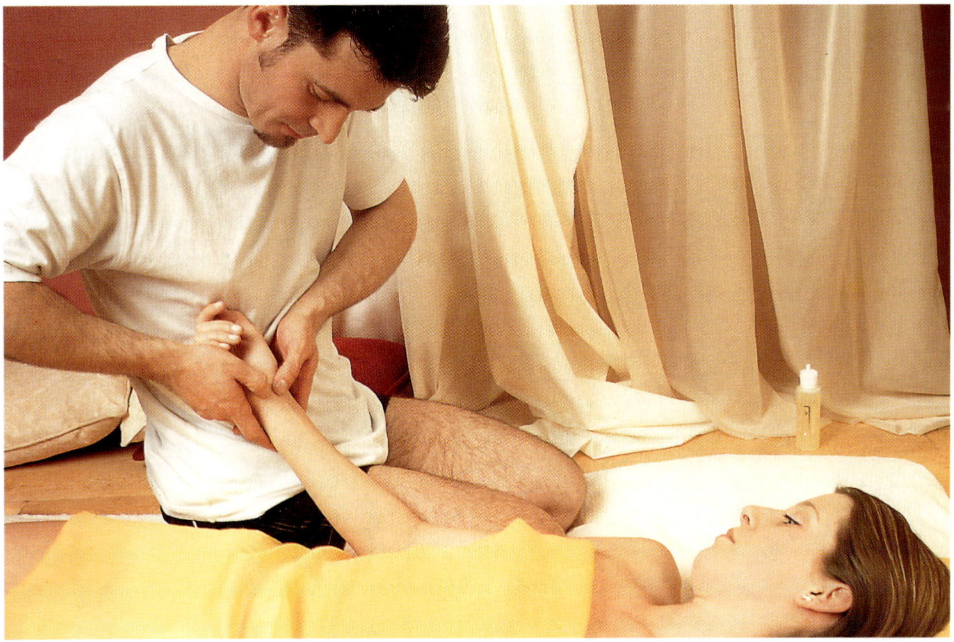

ÉTAPE 6 ROTATION DU POIGNET

Entrelacez vos doigts et ceux de votre partenaire, puis doucement et lentement, exécutez une rotation du poignet dans le sens des aiguilles d'une montre, puis dans le sens inverse.

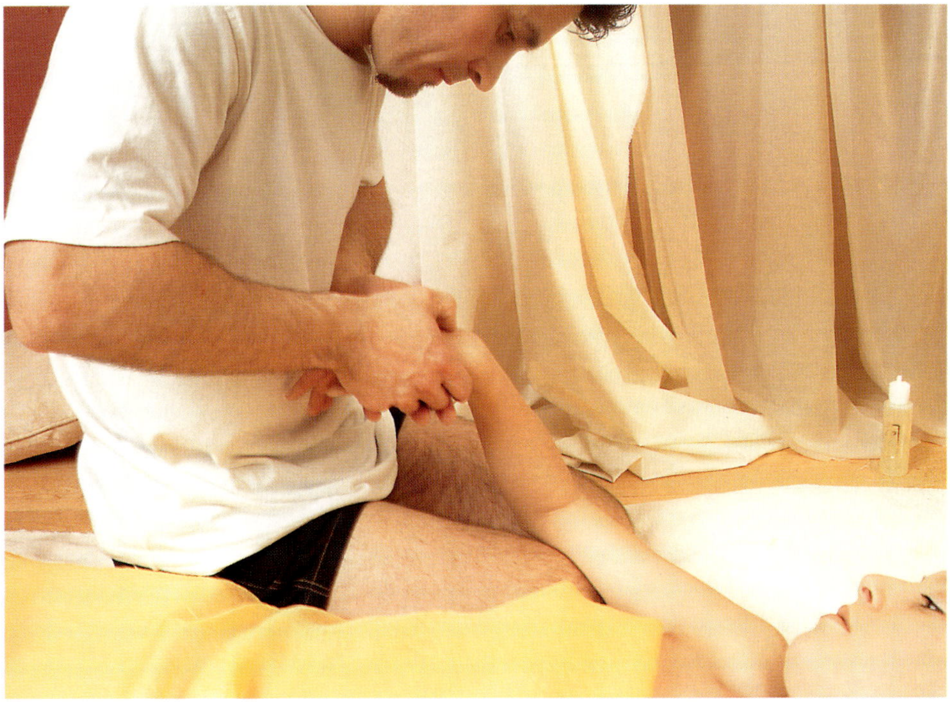

Étape 7 caresses des mains

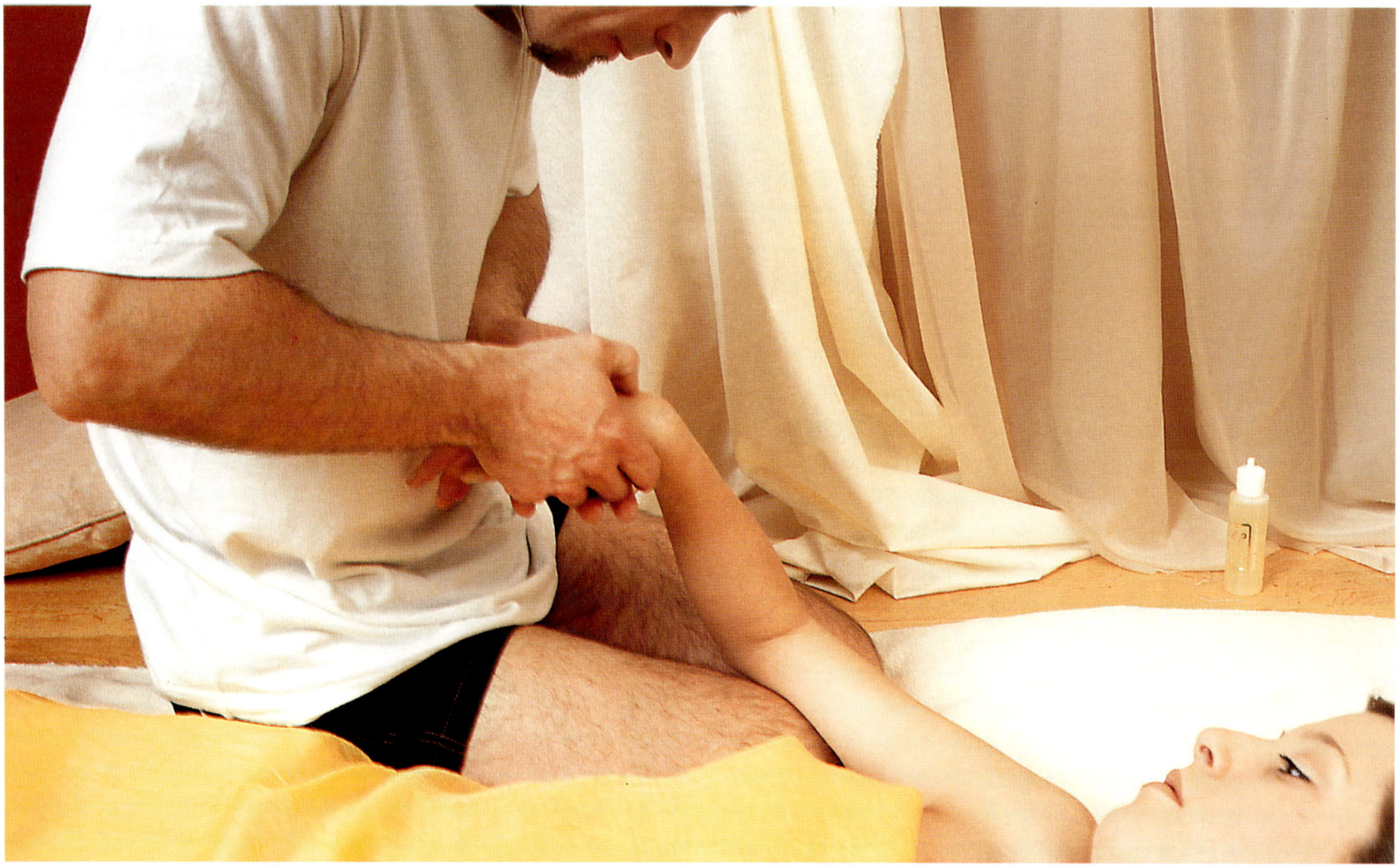

Supportez le poignet d'une main, puis avec l'autre, caressez le dessus de la main de votre partenaire. Ces caresses devraient être répétées sur les deux faces de la main.

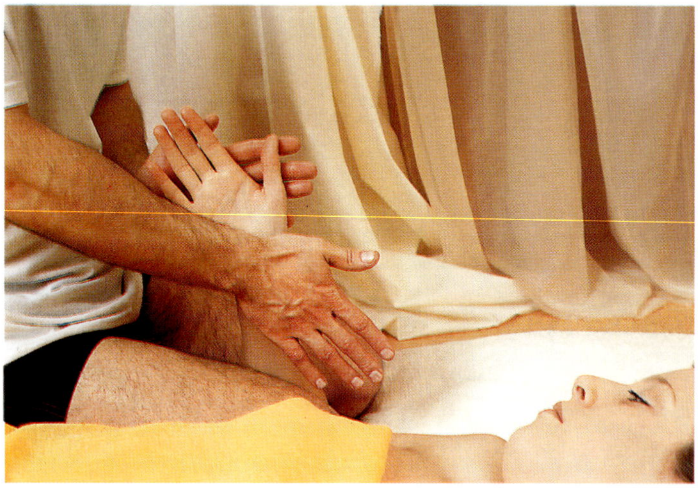

Pour un mouvement plus en profondeur sur la paume, servez-vous du talon de votre main.

Étape 8 « Ouverture des mains »

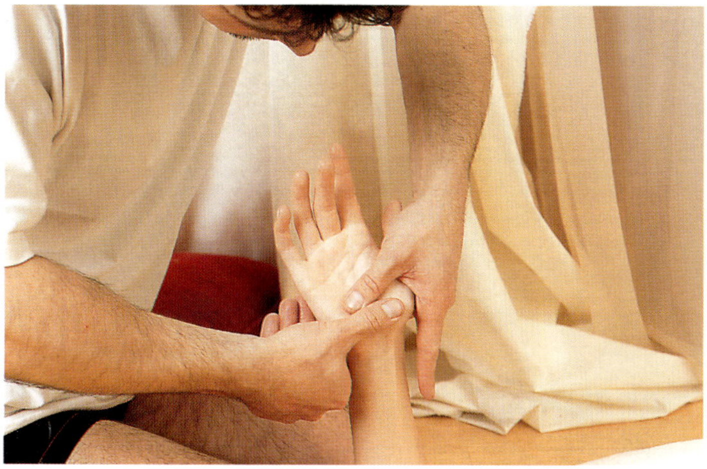

Prenez la paume de la main de votre partenaire et soulevez-la de vos deux mains, avec vos deux pouces à plat au centre de la paume, les doigts en dessous.

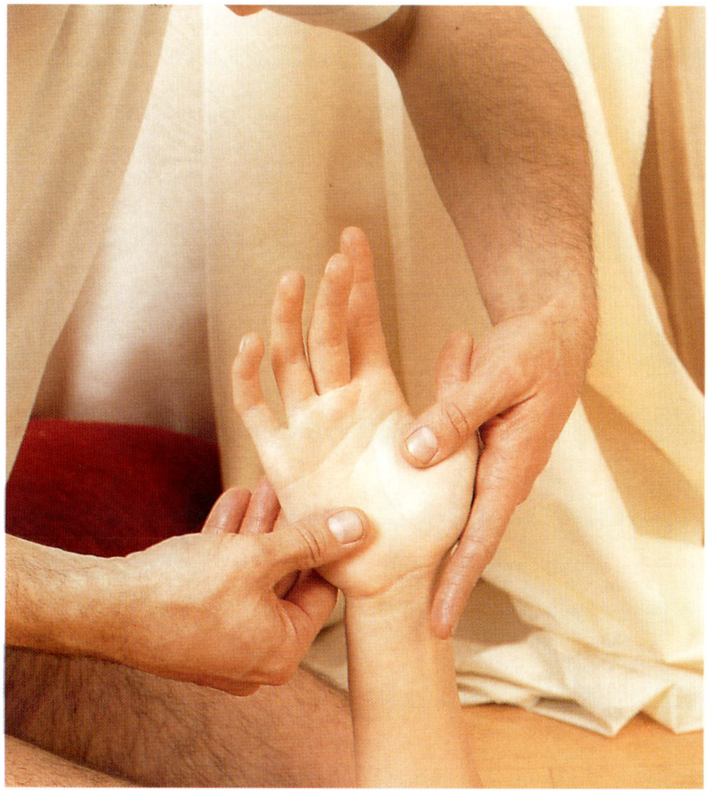

Faites glisser vos pouces vers les côtés comme pour ouvrir doucement la paume de la main.

Étape 9 Étirement et pincement des doigts et du pouce

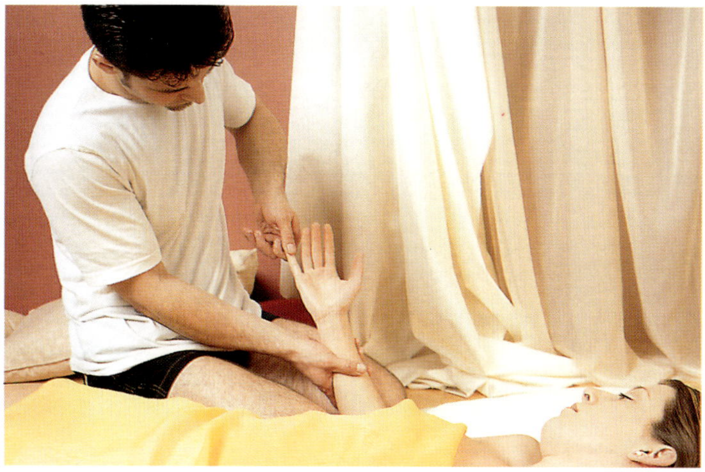

Soulevez le poignet de votre partenaire d'une main, puis doucement et lentement, étirez et pincez chaque doigt séparément.

Étape 10 Cercles

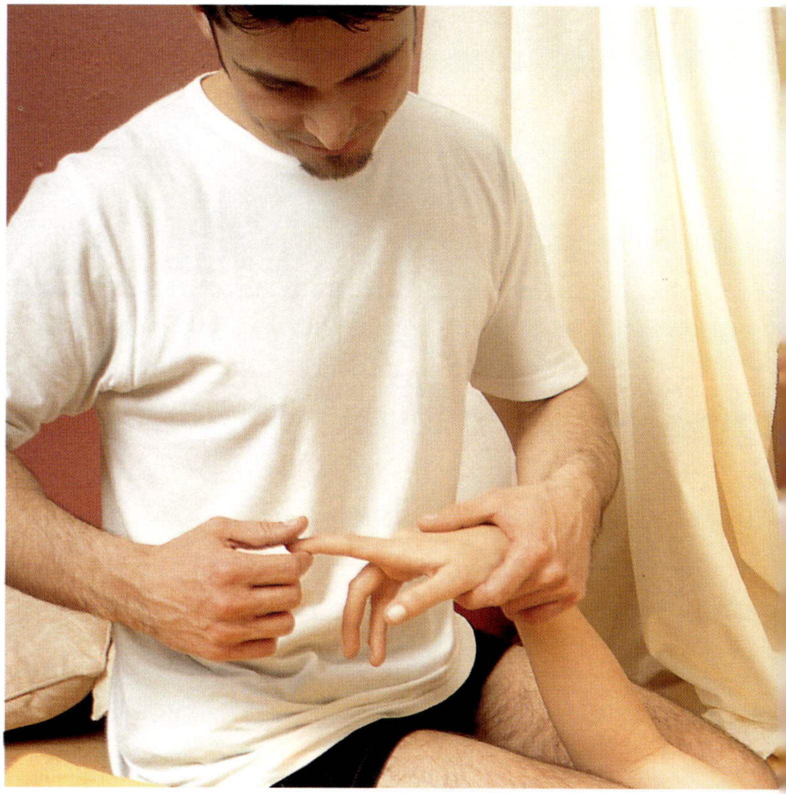

Dessinez des cercles avec les doigts et le pouce séparément, dans le sens des aiguilles d'une montre et dans le sens contraire.

ÉTAPE 11 CARESSES DU BOUT DES DOIGTS POUR LA MAIN

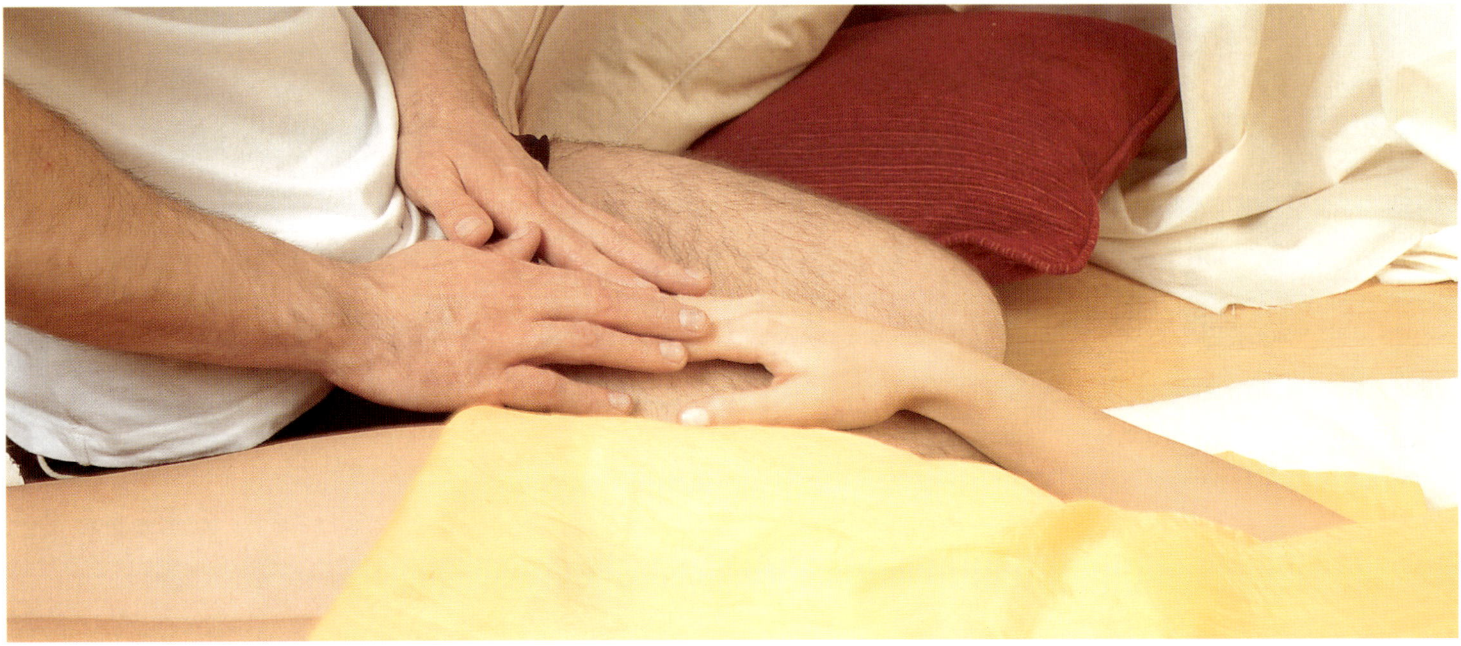

En vous servant uniquement de la pulpe de vos doigts, caressez la main en douceur du poignet jusqu'aux extrémités des doigts.

ÉTAPE 12 LA TOUCHE FINALE – CARESSES DU BRAS

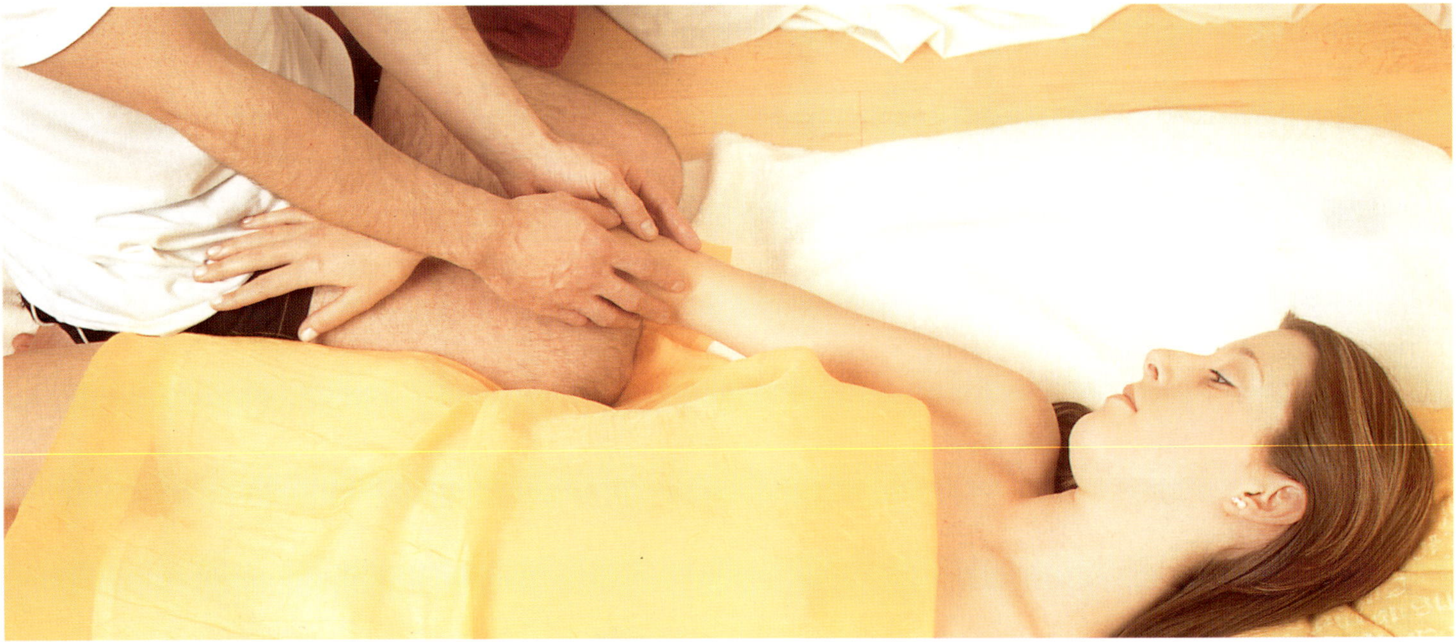

En vous servant de vos deux mains à la fois, caressez tout le bras incluant la main en descendant avec la plus grande légèreté possible. À la fin, prenez la main de votre partenaire entre les deux vôtres et serrez-la doucement.

Répétez les mêmes étapes sur l'autre bras.

MASSAGE SENSUEL DE LA POITRINE ET DU COU

La région de la poitrine est souvent très tendue et congestionnée à cause des mauvaises postures et d'une respiration défaillante (la plupart des gens respirent à partir de la poitrine plutôt qu'à partir du ventre). Les problèmes émotionnels sont souvent emmagasinés dans la région de la poitrine, où se situe le cœur, d'où l'expression bien connue: « Vide-toi le cœur. » Le massage de cette région aide à évacuer les émotions réprimées et permet à la poitrine de s'ouvrir et de se détendre.

ÉTAPE 1 ÉTABLIR LE CONTACT

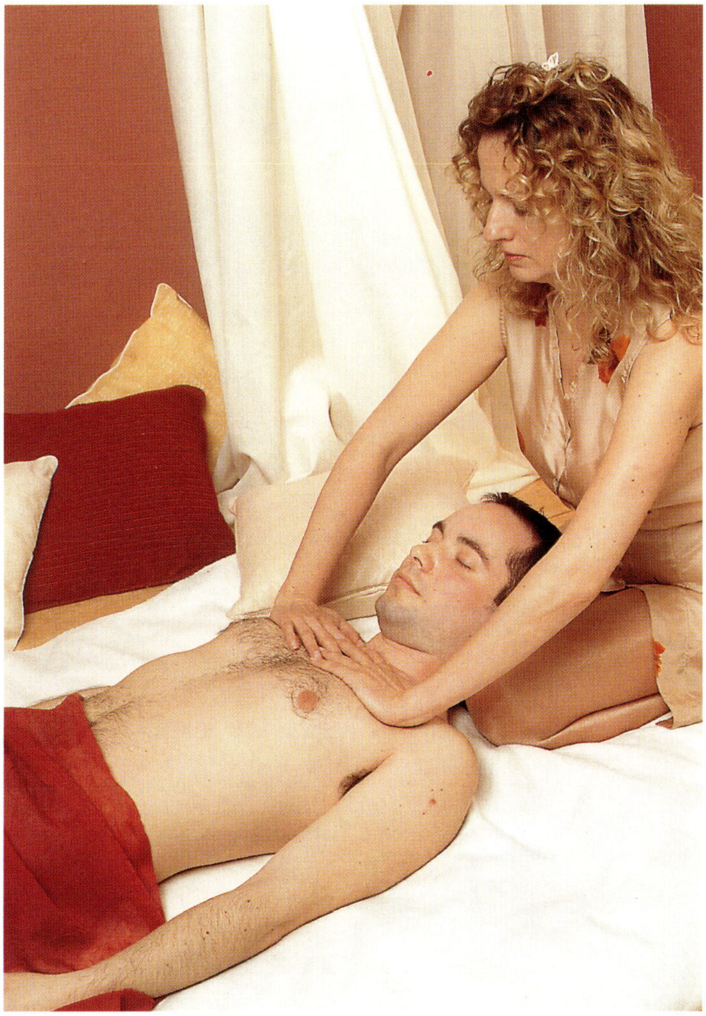

Agenouillez-vous à la tête de votre partenaire. Laissez reposer vos deux mains en douceur sur ses épaules, et prenez quelques profondes inspirations.

ÉTAPE 2 « OUVERTURE DE LA POITRINE »

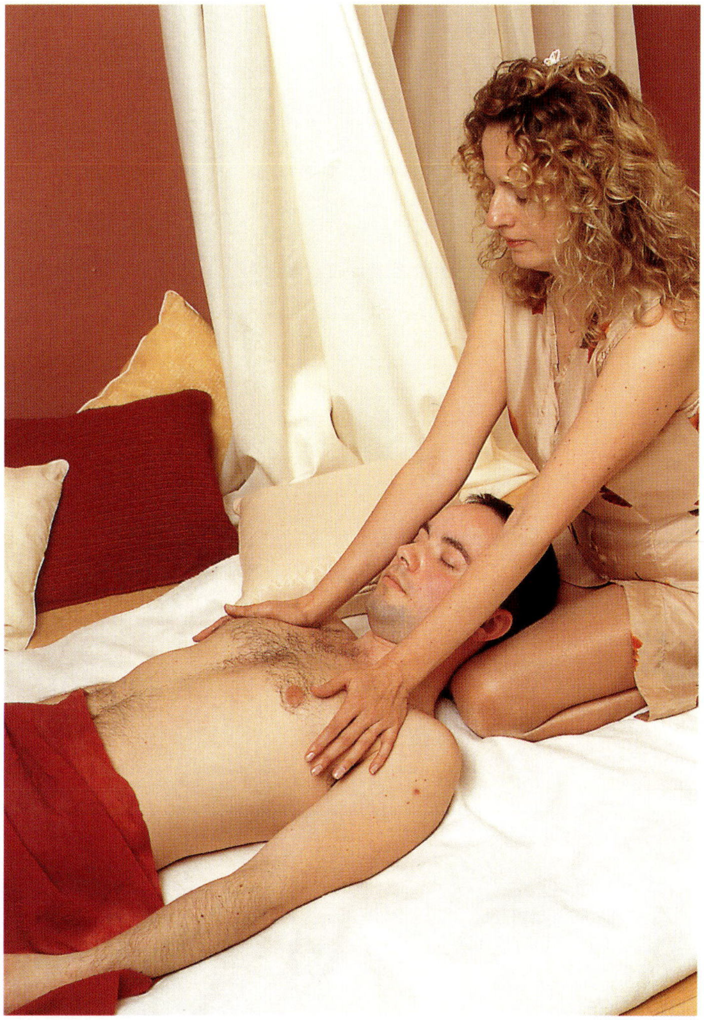

Placez vos mains, les paumes vers le bas, au centre de la poitrine, avec les bouts des doigts se faisant face. Caressez du centre de la poitrine vers l'extérieur, puis en travers des épaules. Faites glisser vos mains jusqu'à votre point de départ, sans exercer de pression.

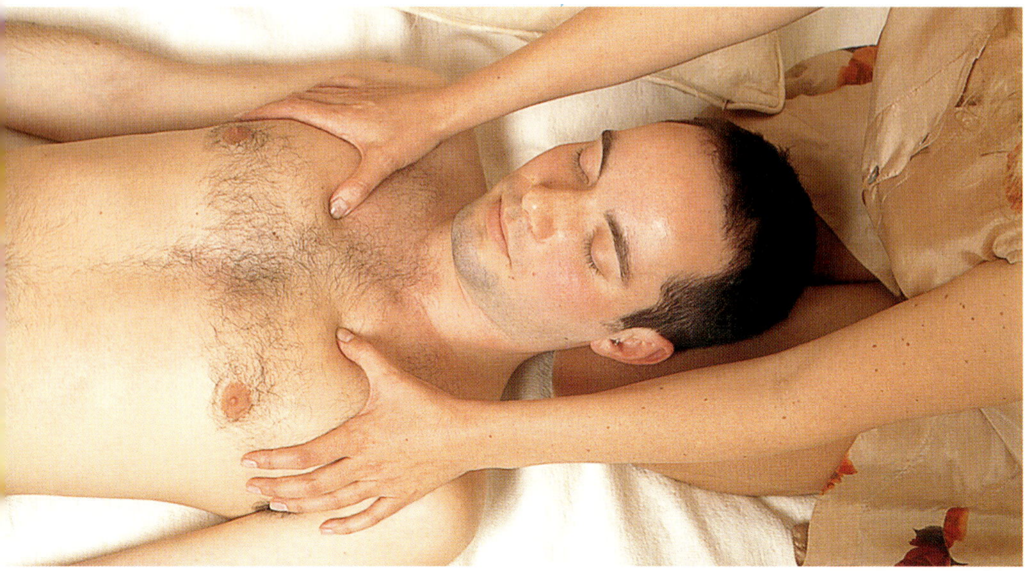

Étape 3 PRESSIONS CIRCULAIRES

Placez vos deux pouces au centre de la poitrine, juste sous les clavicules, et imprimez de petits mouvements circulaires très légers avec les pouces. Travaillez le long de la ligne des clavicules en allant vers les épaules.

Étape 4 MASSAGE AVEC LES JOINTURES

Fermez vos poings sans serrer et placez vos paumes sur le corps de votre partenaire. Travaillez sur toute la surface de la poitrine en imprimant des mouvements circulaires légers avec vos poings.

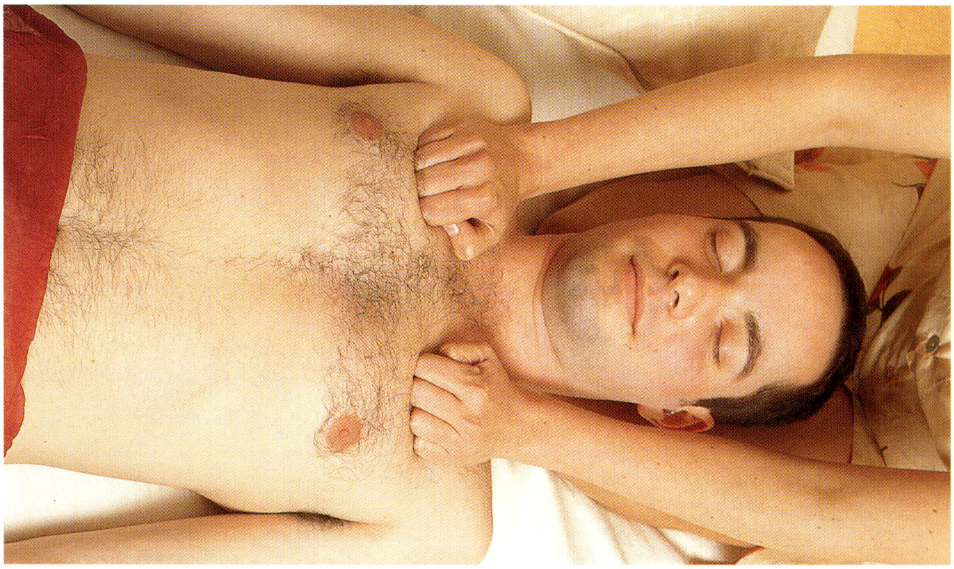

Étape 5 RELÂCHEMENT DES TENSIONS DU COU

Placez vos mains en corolles à l'arrière du cou. Très doucement et lentement, étirez les muscles du cou en vous servant de vos deux mains à la fois.

Étape 6 CARESSES DU CÔTÉ DU COU

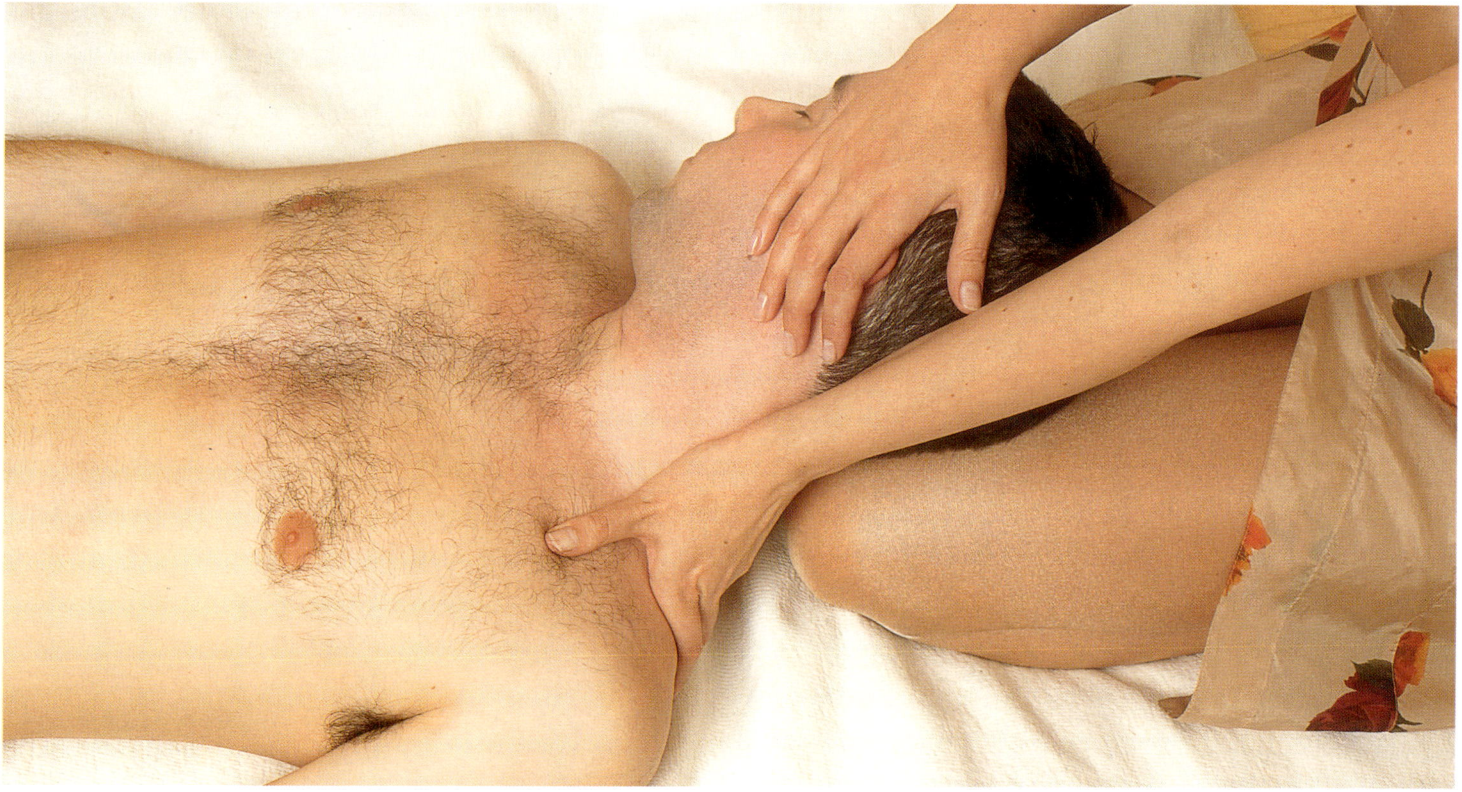

Tournez la tête d'un côté et placez vos deux mains à la base du crâne. Caressez le cou en descendant une main, et lorsqu'elle atteindra l'épaule, faites-la suivre de l'autre main.

Étape 7 LA TOUCHE FINALE – CARESSES DE LA POITRINE ET DU COU AVEC LE REVERS DE LA MAIN

En douceur, placez les revers de vos mains au centre de la poitrine. En effleurant à peine votre partenaire, laissez courir le bout de vos doigts en travers de la poitrine. Servez-vous ensuite des revers de vos mains pour caresser le cou de la même manière.

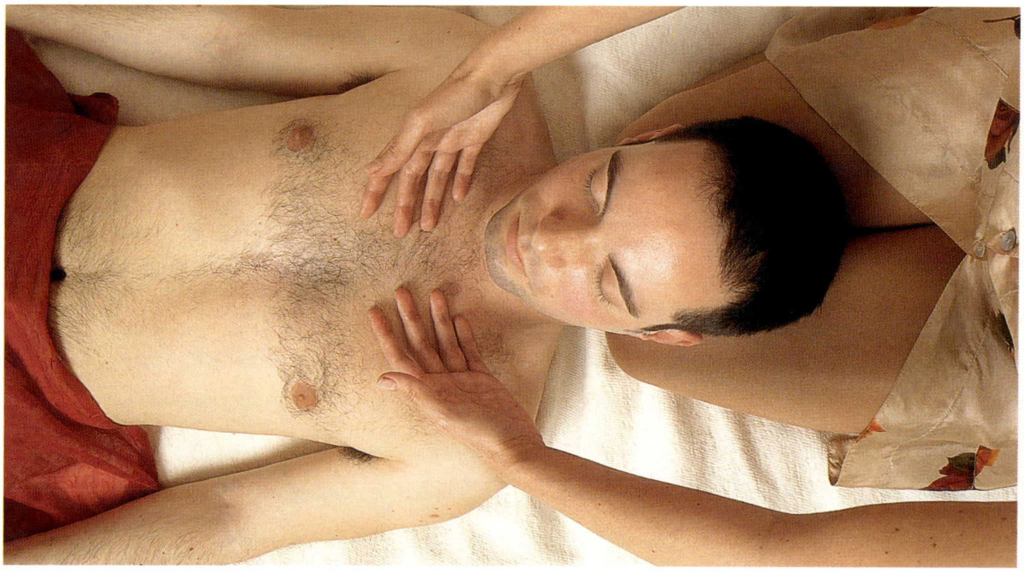

MASSAGE SENSUEL DU VISAGE

Le massage du visage est une expérience très intime et sensuelle. Rajeunissant, il peut vous faire paraître, vous et votre partenaire, des années plus jeune, parce qu'il contribue à réduire les ridules causées par le stress et les tensions, tout en donnant plus d'éclat au teint.

ÉTAPE 1 ÉTABLIR LE CONTACT

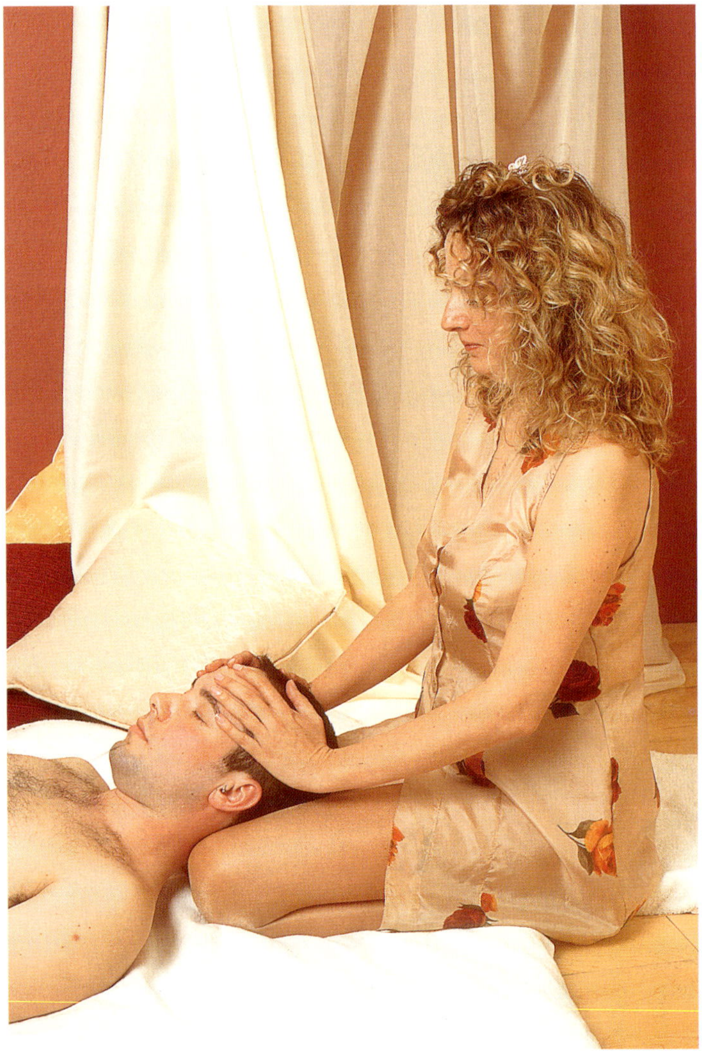

Abaissez doucement vos mains sur le front de votre partenaire et laissez-les reposer ainsi pendant que vous prenez quelques bonnes inspirations. Remarquez comment les inquiétudes et l'anxiété s'estompent.

ÉTAPE 2 CARESSES DU FRONT

1

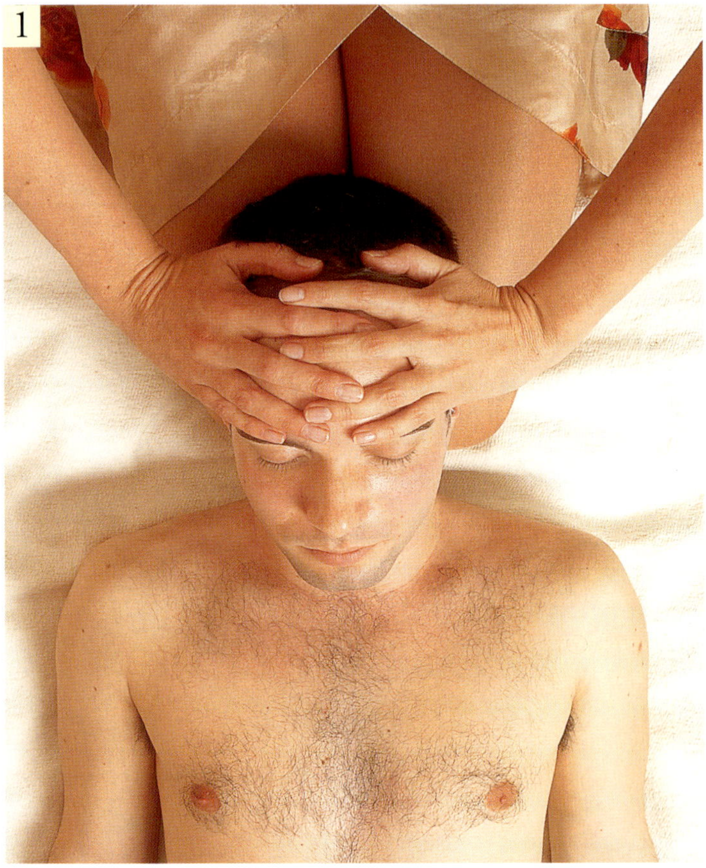

Caressez le front en descendant vers les tempes et glissez doucement pour revenir à la position de départ, avec la légèreté d'une plume (1, 2). Ce mouvement est excellent pour soulager les maux de tête et les tensions.

2

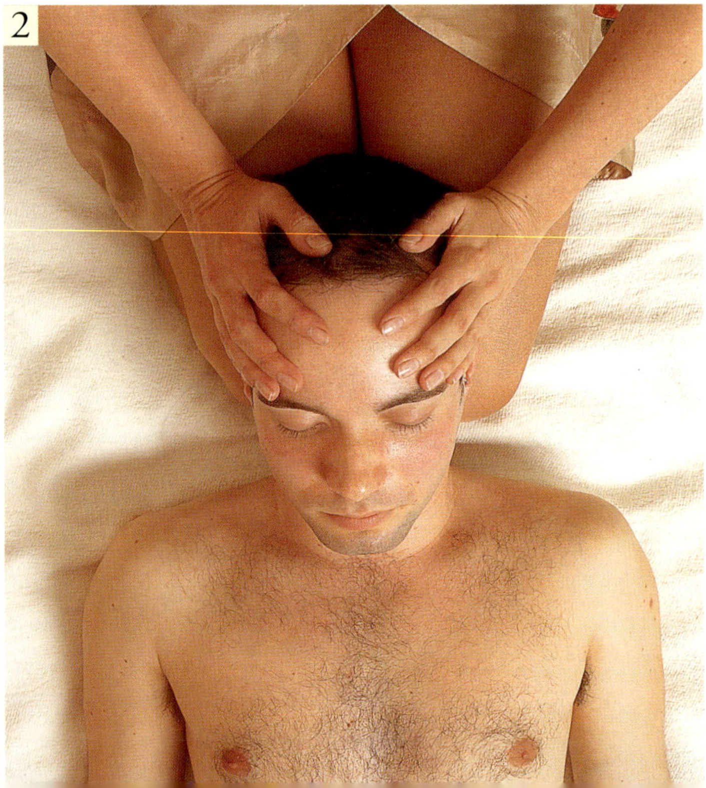

ÉTAPE 3 CARESSES DES JOUES

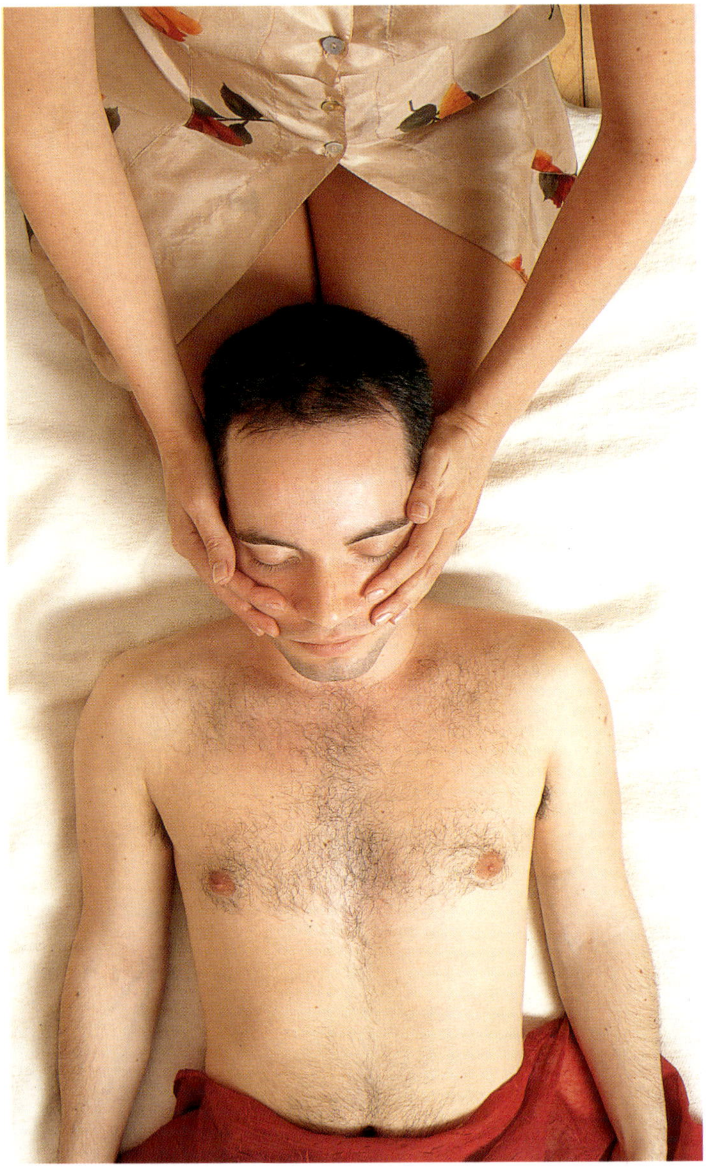

En vous servant de la pulpe de vos doigts et des paumes de vos mains, caressez les joues vers l'extérieur et revenez à votre position initiale en glissant.

ÉTAPE 4 CARESSES DU MENTON

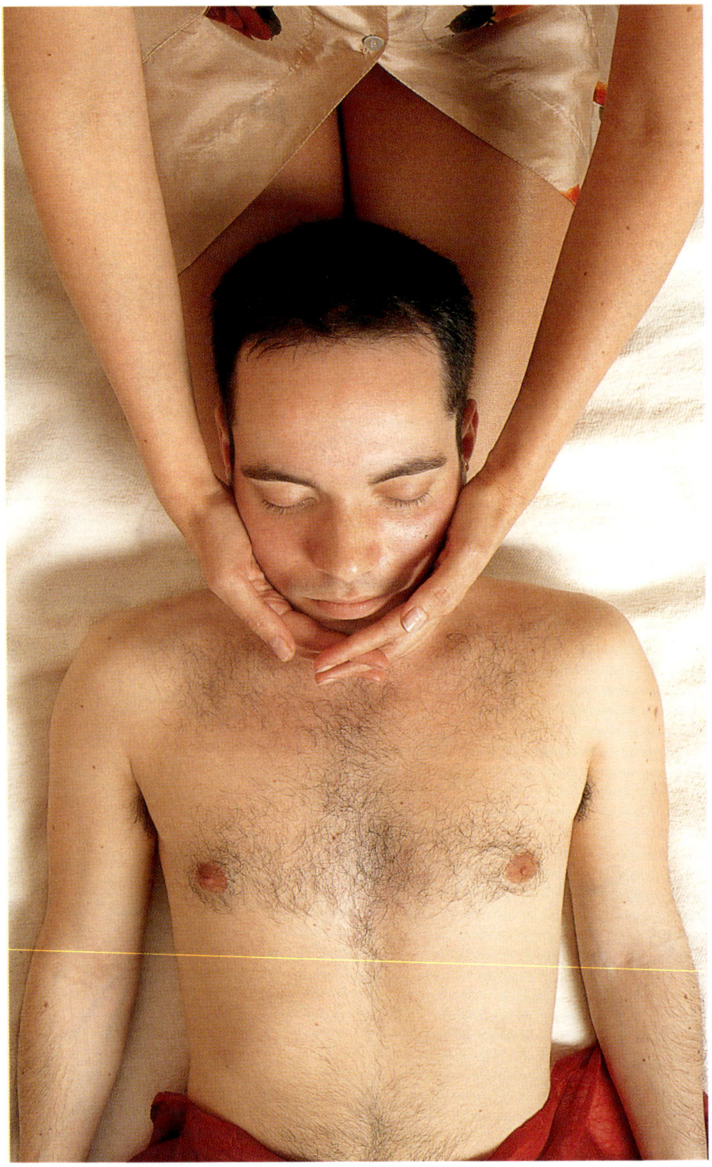

Caressez le menton vers l'extérieur en prolongeant le mouvement vers le cou et les épaules.

Étape 5 PRESSIONS CIRCULAIRES SUR LE VISAGE

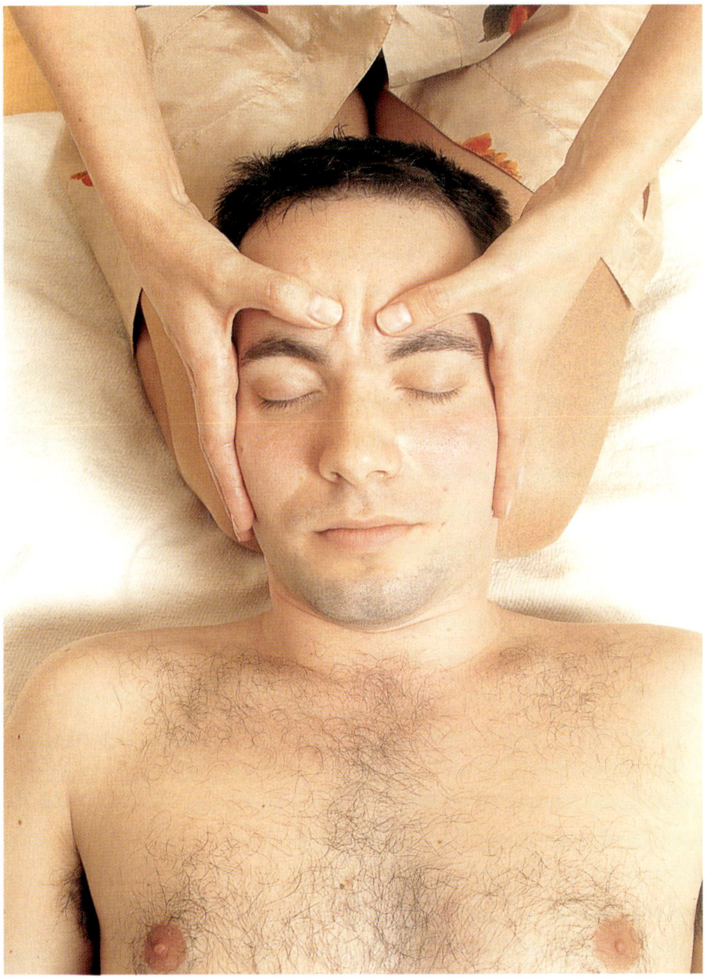

Placez vos deux pouces au centre du front, juste à la naissance des cheveux. Avec de douces pressions circulaires, massez le front vers l'extérieur. Après votre premier tour, ramenez vos pouces au centre du front, mais descendez-les légèrement plus bas. Répétez en rangées jusqu'à ce que vous atteigniez les sourcils.

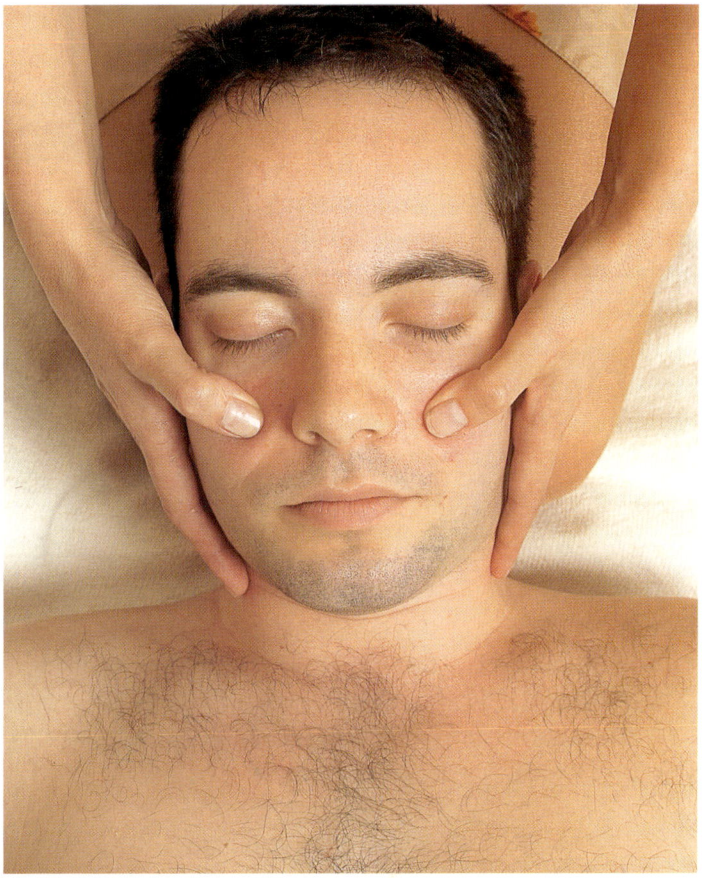

Descendez vos mains de sorte que vos pouces viennent se poser juste sous les yeux. En douceur, répétez les pressions circulaires en rangées horizontales, jusqu'à ce que vous ayez couvert toute la région des joues.

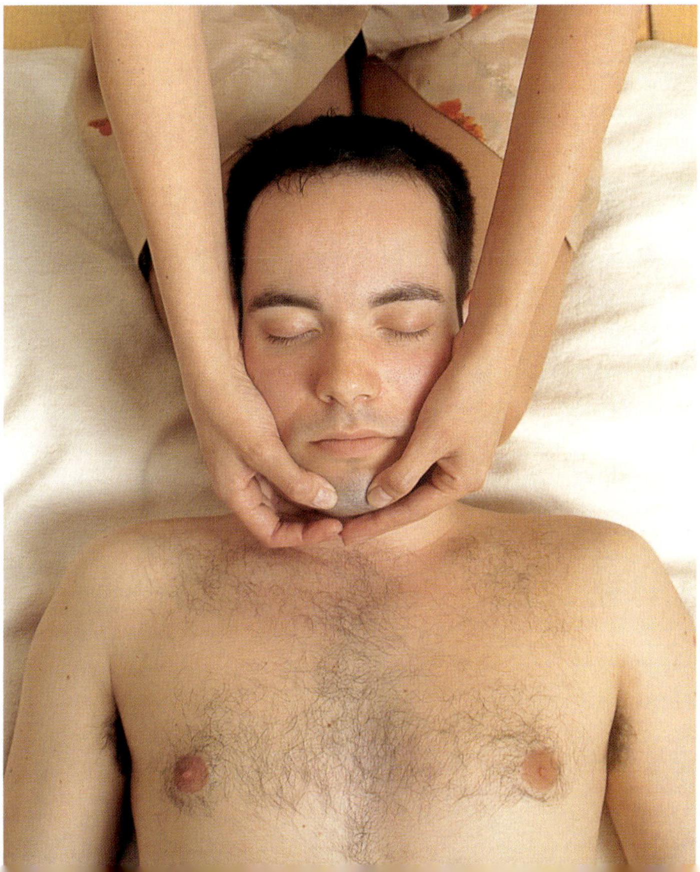

Placez maintenant vos deux pouces au centre du menton et reprenez cette technique pour couvrir toute la région du menton et des mâchoires.

ÉTAPE 6 MASSAGE DES OREILLES

Les oreilles sont une région très sensuelle, et c'est une expérience délicieuse que de se les faire masser. Avec vos pouces et vos index, imprimez de petites pressions circulaires sur toute la surface des oreilles. Étirez ensuite les oreilles très doucement et relâchez.

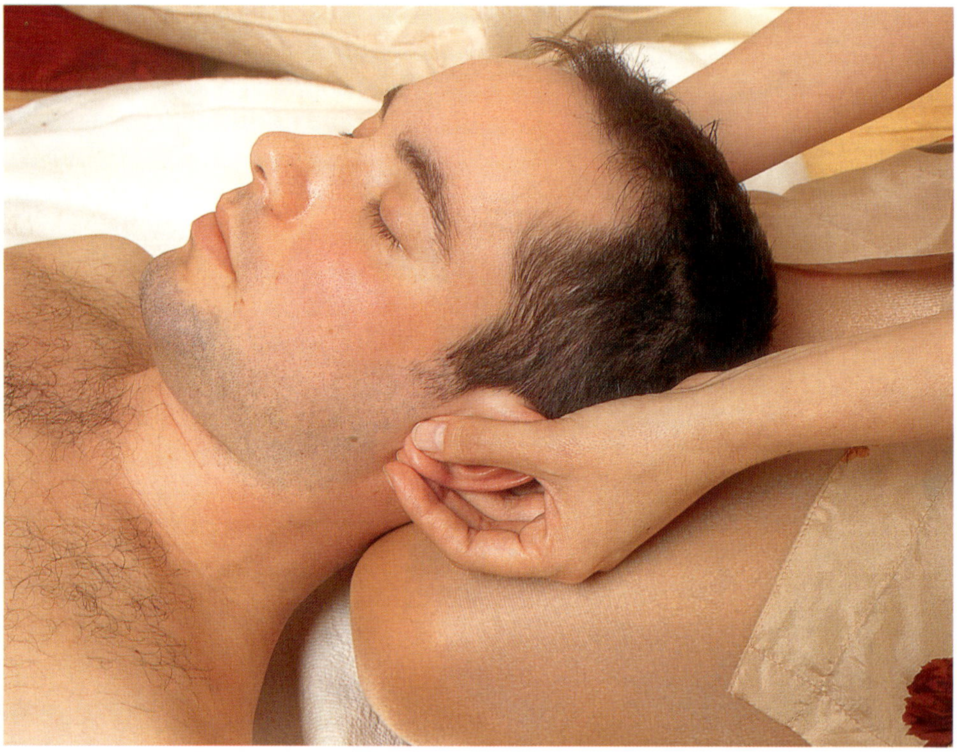

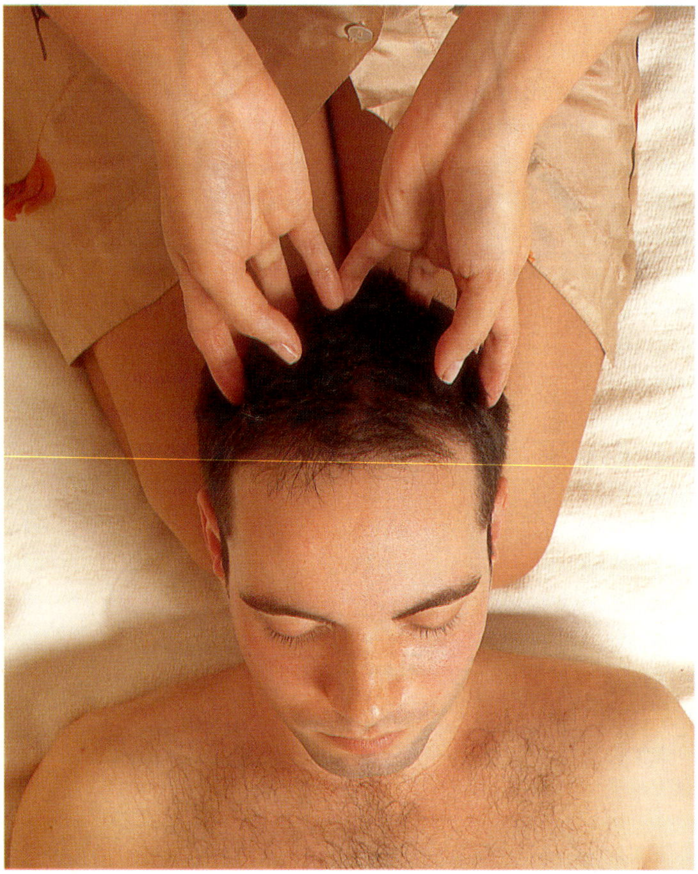

ÉTAPE 7 LA TOUCHE FINALE – CARESSES DES CHEVEUX

Caressez les cheveux et faites-y courir le bout de vos doigts très doucement pour débarrasser la tête et le cuir chevelu de toutes les tensions restantes.

traitements en un clin d'œil

Le Dos

1. Établir le contact
2. Application de l'huile/caresses étendues
3. Caresses étendues par alternance des mains
4. Caresses circulaires
5. Étirement du dos (mains)
6. Étirement du dos (avant-bras)
7. Étirement des côtés du dos
8. Pétrissage des côtés du dos
9. Pressions circulaires du pouce sur les muscles lombaires
10. Palpé-roulé des côtés du dos
11. Caresses circulaires sur les fesses
12. Pétrissage des fesses
13. Pressions sur les points d'excitation sexuelle
14. Massage des fesses avec les jointures
15. Pincement des fesses
16. Cercles sur les omoplates
17. Caresses circulaires sur une épaule, une main par-dessus l'autre
18. Pressions du pouce autour de l'omoplate

Répéter les étapes 17 et 18 sur l'autre épaule.

19. Pétrissage des épaules
20. Pétrissage du cou
21. Caresses étendues dans le dos
22. Caresses en diagonale
23. Caresses de chat
24. Caresses avec les revers des mains
25. La touche finale – caresses du bout des doigts

L'Arrière de la Jambe

1. Établir le contact
2. Caresses étendues des deux jambes
3. Pétrissage de la jambe
4. Caresses de l'arrière de la jambe – talons des mains en alternance
5. Massage de la cuisse avec les jointures
6. Pincement de la cuisse
7. La touche finale – caresses du bout des doigts en alternance

Répéter les étapes 3 à 7 sur l'autre jambe.

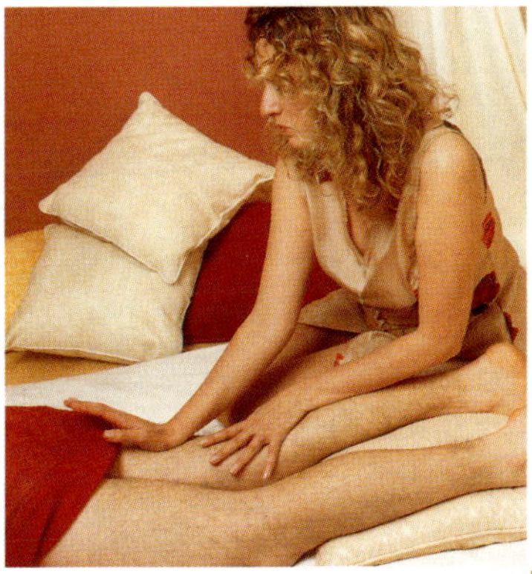

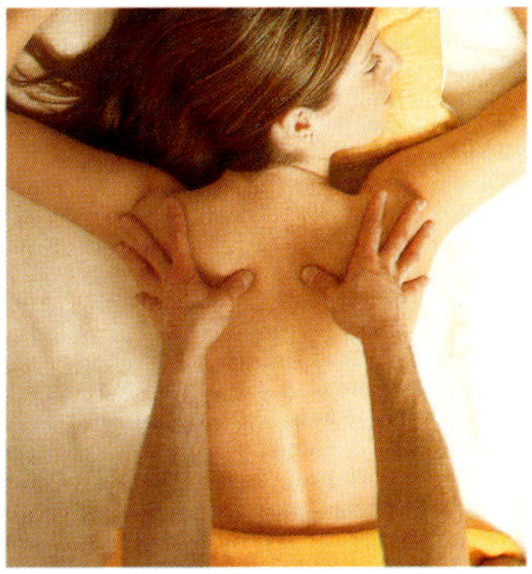

LE DEVANT DU CORPS

LE PIED ET LE DEVANT DE LA JAMBE

1. Caresses du pied
2. Pétrissage du pied
3. « Ouverture du pied »
4. Palpé-roulé du pied
5. Assouplissement des orteils
6. Dégagement des chevilles
7. Caresses étendues de l'avant de la jambe
8. Pétrissage de la cuisse
9. Pressions circulaires du pouce sur la cuisse
10. La touche finale – caresses du bout des doigts

Répéter toutes les étapes sur l'autre pied et l'autre jambe.

LE BRAS ET LA MAIN

1. Établir le contact
2. Caresses du bras
3. Pétrissage de la partie supérieure du bras
4. Pétrissage de l'avant-bras
5. Assouplissement du poignet
6. Rotation du poignet
7. Caresses des mains
8. « Ouverture des mains »
9. Étirement et pincement des doigts et du pouce
10. Cercles
11. Caresses du bout des doigts pour la main
12. La touche finale – caresses du bras

Répéter toutes les étapes de l'autre côté.

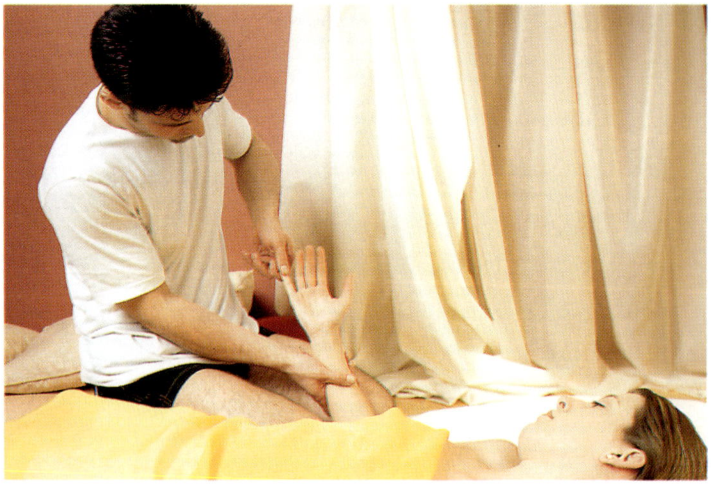

La Poitrine et le Cou

1. Établir le contact
2. « Ouverture de la poitrine »
3. Pressions circulaires
4. Massage avec les jointures
5. Relâchement des tensions du cou
6. Caresses du côté du cou
7. La touche finale – caresses de la poitrine et du cou avec le revers de la main

Le Visage

1. Établir le contact
2. Caresses du front
3. Caresses des joues
4. Caresses du menton
5. Pressions circulaires sur le visage
6. Massage des oreilles
7. La touche finale – caresses des cheveux

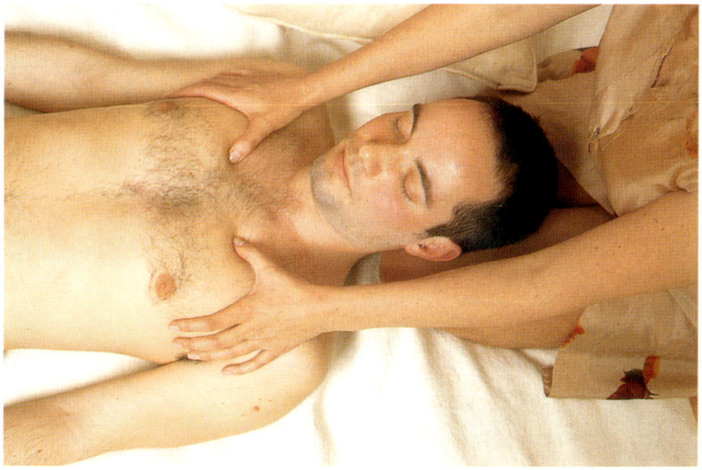

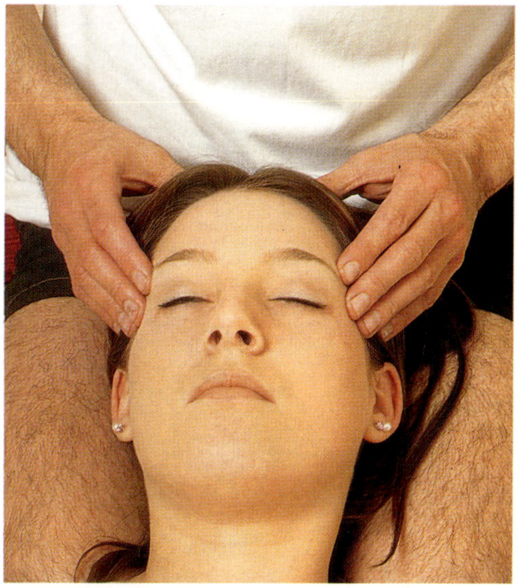

L'Abdomen

1. Établir le contact
2. Cercles autour du nombril
3. Caresses circulaires
4. Étirement
5. Pétrissage
6. La touche finale – caresses circulaires du bout des doigts

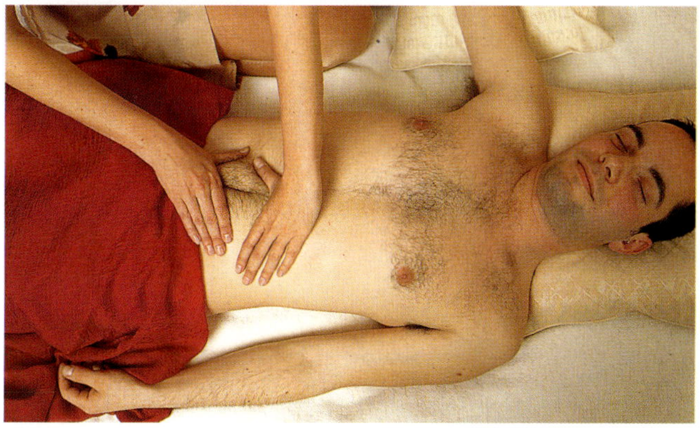

massage sensuel pour problèmes courants

Faire l'amour devrait être une expérience merveilleuse. Toutefois, certains problèmes peuvent se présenter et venir compromettre votre plaisir sexuel. Ce chapitre explore les pouvoirs du massage sensuel et des essences florales, pour vous aider à vaincre les difficultés, de manière à ce que vous puissiez jouir totalement de votre vie sexuelle.

Femmes

Tonifier la poitrine

Les femmes ne sont jamais vraiment satisfaites de la grosseur de leurs seins et il est malheureux que pour certaines d'entre elles, cette question devienne une obsession. La plupart des femmes préféreraient avoir une poitrine plus généreuse. Les recettes que voici ne feront peut-être pas grossir vos seins, mais elles aideront certainement à leur redonner du tonus et une apparence plus attrayante.

À 10 ml (2 cuillerées à thé) d'huile de base, ajoutez:
1 goutte de géranium
1 goutte de fenouil
1 goutte de sauge sclarée

OU

À 10 ml (2 cuillerées à thé) d'huile de base, ajoutez:
1 goutte de géranium
1 goutte de schénanthe (lemongrass)
1 goutte de rose

Chaque jour, massez-vous les seins, du centre en allant vers les aisselles, en imprimant des mouvements circulaires. Vous devriez noter une amélioration après environ deux mois.

L'huile de géranium est excellente pour redonner du tonus à vos seins.

Infertilité

Le massage donne de très bons résultats dans le traitement de l'infertilité féminine. De toute évidence, si l'on est en présence d'un problème physiologique grave, il est peu probable que les huiles essentielles puissent y faire quelque chose. Cependant, de nombreuses femmes sont incapables de concevoir, sans aucune raison apparente.

Le massage sensuel est la solution parfaite pour relâcher toutes les tensions et l'anxiété qui accompagnent le désir d'être enceinte.

L'huile essentielle qui semble la plus prometteuse est la rose otto. Toutes les recettes qui suivent peuvent aider la conception. Massez le bas du dos (tel qu'illustré ici) et le ventre quotidiennement. Ces mélanges pourraient également être utilisés comme prélude à l'amour juste avant l'ovulation.

À 10 ml (2 cuillerées à thé) d'huile de base, ajoutez:
1 goutte de rose otto
2 gouttes de géranium

OU

À 10 ml (2 cuillerées à thé) d'huile de base, ajoutez:
2 gouttes de sauge sclarée
1 goutte de mélisse ou citronnelle

Le massage en douceur du bas du dos est un moyen efficace de stimuler la fertilité chez la femme.

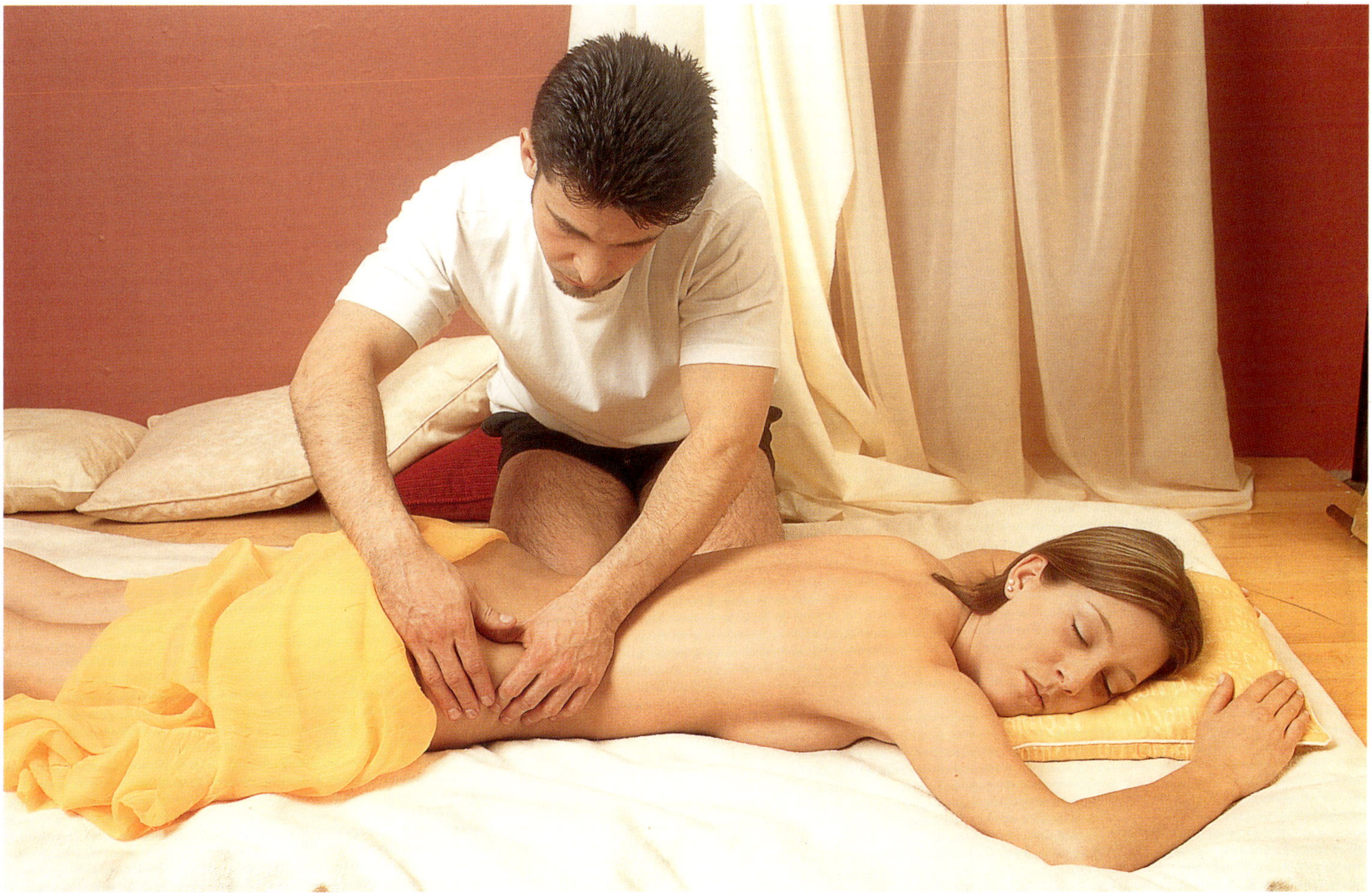

ÉNERGIE SEXUELLE À LA BAISSE

Que vous souhaitiez augmenter votre libido ou que vous ayez une aversion pour les rapports sexuels, le massage sensuel peut vous être bénéfique. La fatigue et l'anxiété dues aux pressions familiales ou professionnelles ou aux problèmes financiers se solderont par une baisse de libido chez toute femme. Les femmes neurasthéniques ou insatisfaites auront également peu d'appétit sexuel.

Le massage sensuel seul stimulera la libido, mais lorsque accompagné d'une ou plusieurs huiles érotiques, son effet sera plus puissant. Souvenez-vous que les arômes que vous préférez seront particulièrement efficaces. Quelques-unes des huiles les plus performantes pour augmenter le désir chez les femmes sont la bergamote, la sauge sclarée, l'encens, le jasmin, le myrte, la fleur d'oranger, le patchouli, la rose, le bois de santal et le ylang-ylang.

Toutes ces huiles érotiques peuvent être ajoutées quotidiennement à l'eau de votre bain. L'un des mélanges suivants devrait être utilisé pour au moins deux semaines en portant une attention toute particulière aux cuisses, au ventre, au bas du dos et aux fesses, pour vous assurer que tous les points d'excitation sexuelle sont stimulés.

À 10 ml (2 cuillerées à thé) d'huile de base, ajoutez:
2 gouttes de bergamote
1 goutte de fleur d'oranger

OU

À 10 ml (2 cuillerées à thé) d'huile de base, ajoutez:
2 gouttes de myrte
1 goutte de rose

Le myrte et le ylang-ylang sont deux des huiles essentielles utilisées pour stimuler la libido.

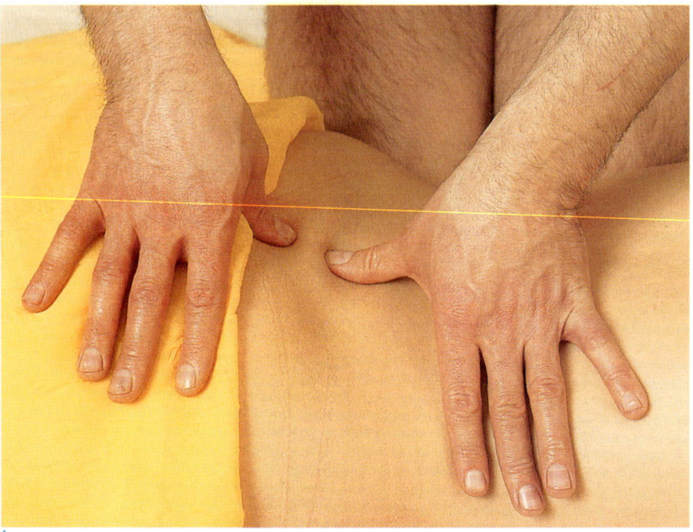

Pour rehausser une énergie sexuelle défaillante, il peut s'avérer très efficace de masser les points de pression sexuels tels que ceux situés dans le bas du dos et dans la région des fesses.

Sécheresse Vaginale

Un manque de sécrétions vaginales peut rendre les rapports sexuels inconfortables, voire impossibles. Cela n'est pas normalement dû au fait que la femme ne trouve pas son partenaire attirant. L'anxiété, la ménopause ou la pilule contraceptive sont des causes beaucoup plus probables de cette situation.

Avant un rapport sexuel, une petite quantité d'huile de base de jojoba appliquée dans le vagin peut être une solution temporaire. Toutefois, un bain quotidien ou un massage ponctuel avec l'un des mélanges suivants auront un effet plus durable.

Bains
3 gouttes de sauge sclarée
2 gouttes de géranium
1 goutte de rose

OU

1 goutte de mélisse ou citronnelle
2 gouttes de fleur d'oranger
3 gouttes de bois de santal

Massage
À 10 ml (2 cuillerées à thé) d'huile de base, ajoutez:
1 goutte de géranium
1 goutte de fleur d'oranger
1 goutte de bois de santal

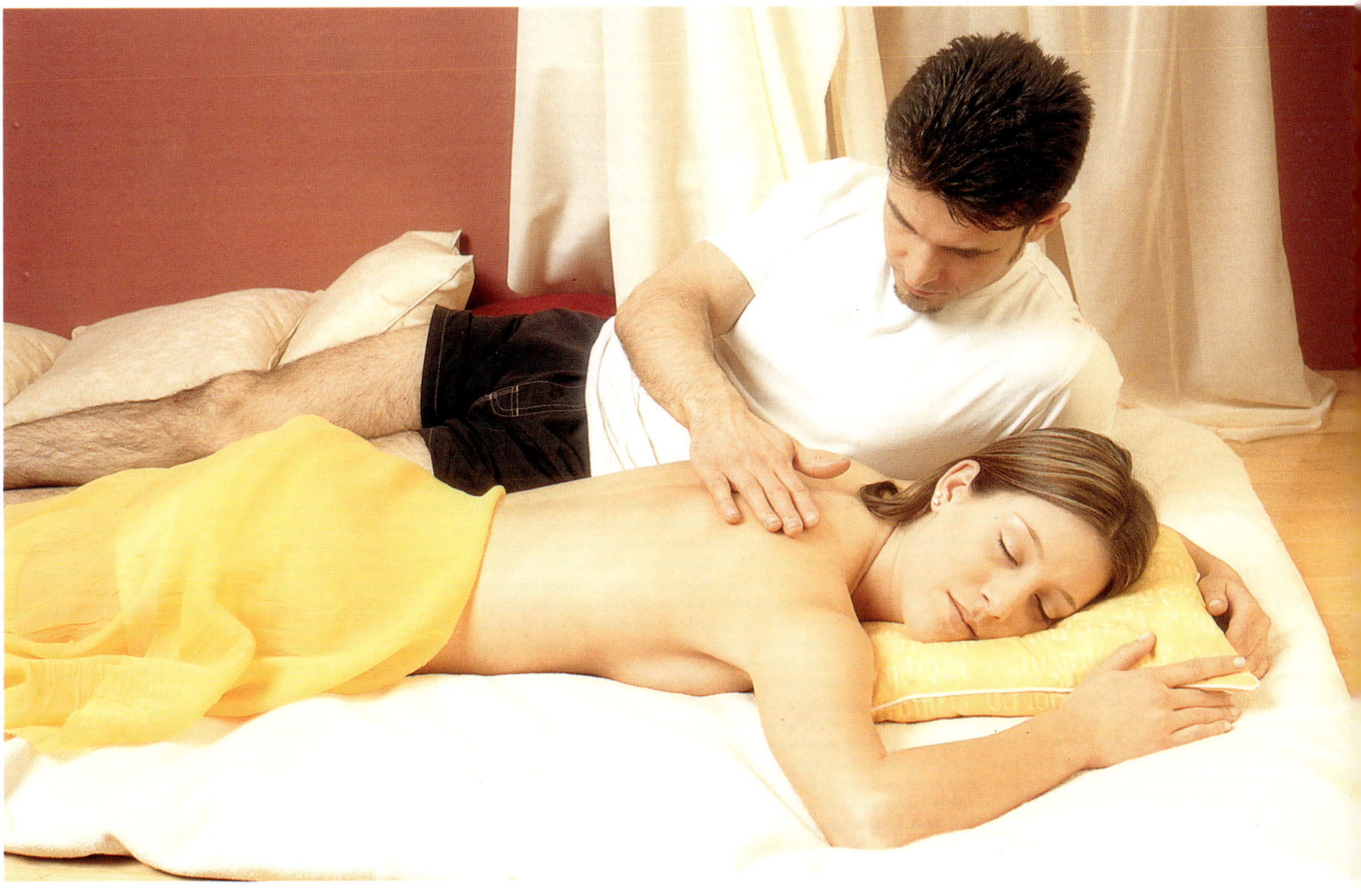

Un massage ponctuel avec l'un des mélanges d'huiles suggérés peut soulager l'inconfort chez la femme.

HOMMES

IMPUISSANCE

Bien que les médicaments comme le Viagra aient le pouvoir d'améliorer votre vie sexuelle, vous noterez sans doute des effets secondaires indésirables. Le massage sensuel offre une solution de rechange naturelle pour stimuler l'énergie sexuelle masculine.

L'impuissance est le problème sexuel mâle le plus répandu et elle affecte la plupart des hommes, souvent temporairement, à certains moments de leur vie. Des facteurs psychologiques comme le stress, le manque de confiance, la culpabilité ou la dépression peuvent tous mener à l'impuissance. Les maladies physiques comme le diabète peuvent aussi en être la cause, tout comme divers médicaments tels les antidépresseurs, les diurétiques et les comprimés pour la tension artérielle.

Nous recommandons un bain quotidien avec l'une des huiles essentielles érotiques. Les huiles qui conviennent sont le poivre noir, le bois de cèdre, la sauge sclarée, l'encens, le gingembre, le jasmin, la fleur d'oranger, la rose, le bois de santal et le ylang-ylang.

Un massage sensuel du ventre, des cuisses et du dos peut également aider si on porte une attention toute particulière aux points de stimulation sexuelle. Ne vous attendez pas à des résultats immédiats, cela pourrait prendre des semaines et même jusqu'à deux mois.

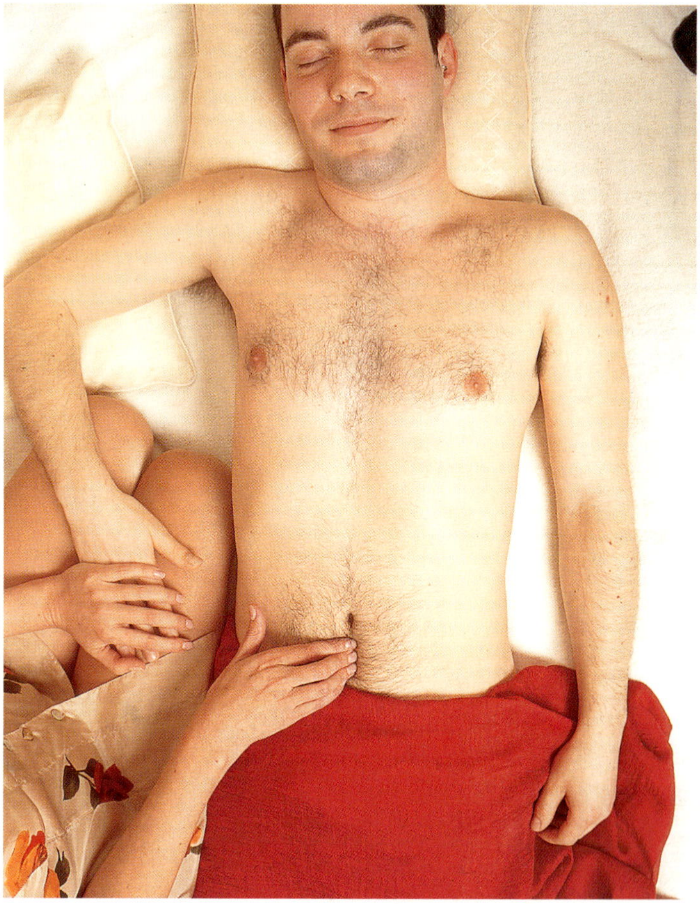

Le massage des points de stimulation sexuelle, comme ceux situés sur le ventre, peut aider à résoudre les problèmes d'impuissance.

À 10 ml (2 cuillerées à thé) d'huile de base, ajoutez:
1 goutte de poivre noir
1 goutte de bois de cèdre
1 goutte de gingembre

OU

À 10 ml (2 cuillerées à thé) d'huile de base, ajoutez:
1 goutte de fleur d'oranger
1 goutte de gingembre
1 goutte de bois de santal

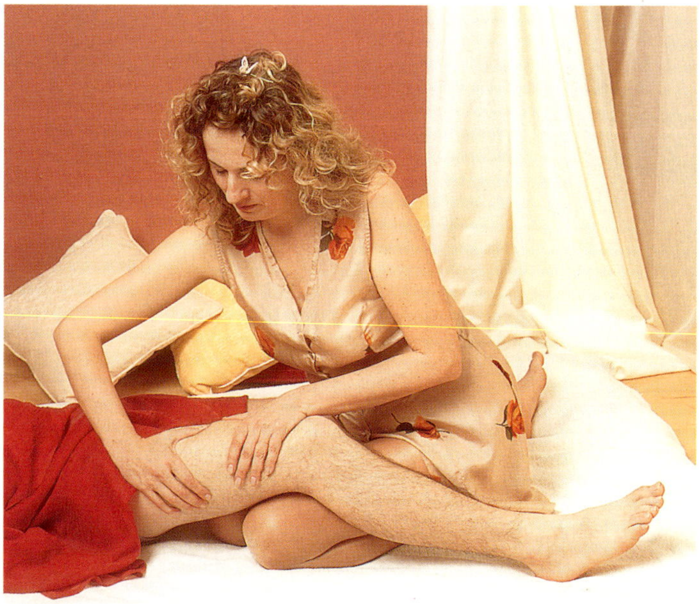

Une autre manière de stimuler l'énergie sexuelle masculine consiste à masser les cuisses.

Le jasmin et la rose semblent être les huiles essentielles les plus efficaces pour augmenter la production de sperme.

BAISSE DE PRODUCTION DU SPERME

On note une baisse dans la qualité et la quantité du sperme, et à cause de cela, l'infertilité masculine est de plus en plus courante. À l'heure actuelle, les insuffisances du sperme sont responsables du quart des cas d'infertilité. Cependant, on peut augmenter la fertilité grâce à ce qui suit.

1. Il existe de nombreuses huiles essentielles qui peuvent augmenter la production de sperme. Les plus efficaces sont le jasmin et la rose. Préparez une huile de massage avec 2 gouttes de jasmin et 1 goutte de rose, mélangées à 10 ml (2 cuillerées à thé) d'huile de base. Concentrez-vous particulièrement sur le bas du dos et sur les muscles au bas du ventre pour stimuler la production de sperme.

2. La température optimale pour la production de sperme est de 35° C, et si les testicules sont trop chauds, alors la production de sperme en est affectée. Par conséquent, les hommes devraient éviter les sous-vêtements trop serrés, les bains chauds et les saunas. On prétend également que le fait d'immerger le scrotum dans l'eau froide pendant au moins 10 minutes deux fois par jour peut faire augmenter la production de sperme.

3. Le tabagisme peut faire baisser la qualité et la quantité du sperme, c'est pourquoi il est vital de cesser de fumer.

4. Les gros buveurs ont une pauvre production de sperme. Par conséquent, les hommes ne devraient pas boire plus de 21 unités d'alcool par semaine.

5. L'alimentation joue aussi un rôle important. Les fruits et les légumes (surtout organiques) sont excellents, tout comme les vitamines C et E, le sélénium et en particulier le zinc.

6. Le stress est un autre facteur responsable, parce qu'il affecte négativement la qualité du sperme. Des massages sensuels réguliers, au moins deux fois par semaine, peuvent réduire le stress de façon significative.

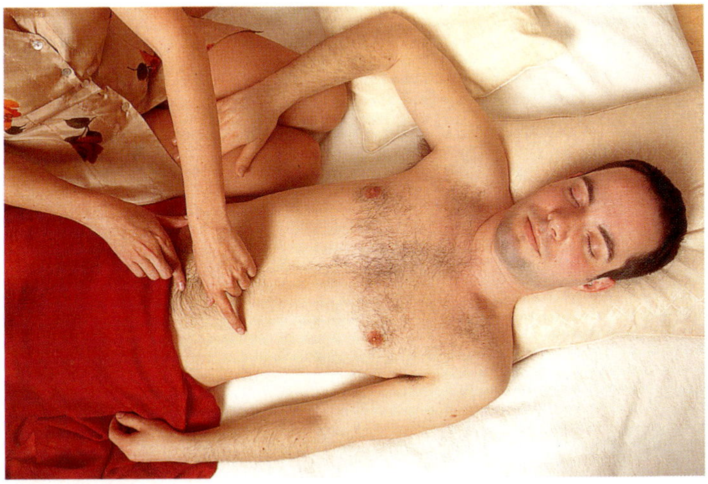

Le bas du ventre présente des points de pression sexuels qui peuvent être stimulés pour augmenter la production de sperme.

L'alimentation joue aussi un rôle dans le maintien de la fertilité masculine. Prenez la peine de manger une bonne quantité de fruits frais régulièrement.

remèdes floraux

Les essences de fleurs peuvent aider à révéler notre plein potentiel et à résoudre nos difficultés sexuelles. Ces remèdes viennent des quatre coins du globe et offrent une excellente façon d'équilibrer la tête, le corps et l'esprit. Ces remèdes, capables de vous aider à surmonter vos problèmes sexuels, sont décrits ici.

Tout comme les huiles essentielles décrites dans ce livre, il existe une grande variété de remèdes floraux à travers le monde, qui peuvent être utilisés pour traiter et soulager problèmes et maladies.

Préparer un Remède

Vous aurez besoin d'une bouteille teintée avec compte-gouttes, de 30 ml (2 cuillerées à soupe) d'eau de source et d'un peu de brandy. Remplissez la bouteille presque complètement avec de l'eau de source et ajoutez-y 5 ml (1 cuillerée à thé) de brandy pour conserver votre remède. Si vous préférez, vous pouvez utiliser du vinaigre de pomme à la place du brandy. Mettez 2 gouttes de chacune de vos essences préférées dans la bouteille.

À Quel Rythme Prendre ce Remède

Prenez 7 gouttes 3 fois par jour, soit directement sur la langue ou dans un verre d'eau, de jus ou dans une tisane. Le remède devrait être administré pendant 10 à 14 jours. Dans les cas chroniques, on peut avoir à le prendre pendant une période plus longue.

Essences Florales de la Brousse Australienne

Les aborigènes d'Australie ont utilisé les fleurs pendant des milliers d'années pour soulager les troubles physiques et émotionnels. L'Australie possède le plus grand nombre de plantes à fleurs les plus anciennes du monde. C'est aussi l'une des contrées les moins polluées qui soient.

Casuarine
Pour l'infertilité, particulièrement s'il n'existe aucune cause apparente.

Fleur de flanelle
Pour ceux et celles qui répugnent à être touchés, particulièrement les hommes. La fleur de flanelle favorise la sensibilité et la sensualité.

Glycine
Pour les femmes qui ont peur de l'intimité, pour la frigidité. Leur peur peut être apparue après un abus sexuel. Ce remède favorise une relation sexuelle épanouissante.

Prune Billy Goat
Utile pour le dégoût du sexe ou de soi. Ce remède vous permettra de relaxer et d'apprécier le sexe.

ESSENCES FLORALES D'EUROPE – REMÈDES BACH À BASE DE FLEURS

Châtaigne blanche
Pour toutes les inquiétudes qui peuvent vous hanter concernant le sexe.

Mélèze
Pour stimuler la confiance et dissiper les complexes. Excellent pour les problèmes d'éjaculation précoce, d'impuissance et de frigidité.

Mimule
Pour la peur de l'échec, par exemple la peur de l'éjaculation précoce, la peur du sexe, de l'intimité, etc.

Olive
Pour la fatigue et l'épuisement. Ce remède aide à stimuler la libido.

Pomme sauvage
Pour le dégoût de soi. Ce remède aide à vous débarrasser des traumatismes du passé, comme un viol, par exemple.

ESSENCES FLORALES DE L'INDE

Cannon Ball Tree
Pour la frigidité des femmes qui ont vraiment très peur du sexe.

Ixora
Pour les couples qui ont perdu tout intérêt sexuel mutuel. Ce remède ravivera leur activité sexuelle.

Meenalih
Pour les personnes qui essaient de réprimer leur sexualité parce qu'elles ont grandi avec l'idée que c'était péché.

Nénuphar
Pour quiconque a des inhibitions concernant le sexe.

Rippy Hillox
Pour ceux et celles qui ont peur du sexe par suite d'une expérience traumatisante comme un viol, par exemple.

ESSENCES FLORALES DE L'AMÉRIQUE DU NORD

Black-Eyed Susan
Pour ceux et celles qui ont réprimé une expérience sexuelle traumatisante comme un viol ou l'inceste.

Hibiscus
Pour les femmes qui ne sont pas réceptives au sexe, un état souvent dû à des abus sexuels antérieurs.

Lys de Pâques
Pour ceux et celles qui ont l'impression que le sexe est impur et malpropre.

Sticky Monkeyflower
Pour ceux et celles qui craignent l'intimité sexuelle.

ESSENCES FLORALES DE HAWAÏ

Amazon Swordplant
Pour ceux et celles qui cherchent à surmonter leurs blocages émotifs.

Avocat
Pour ceux et celles qui craignent de se faire toucher. Ce remède favorise la relaxation et le plaisir sexuel.

Lehua
Pour accroître la sensualité tant chez l'homme que chez la femme.

Nénuphar araignée
Pour les hommes qui craignent les relations avec les femmes.

Nénuphar de jour
Pour les personnes qui ont une attitude mentale négative en ce qui a trait au sexe, due à des sentiments de peur, de culpabilité et d'inaptitude.
Ce remède favorise l'épanouissement sexuel.

Nénuphar de nuit
Pour développer et enrichir une relation sexuelle profonde.

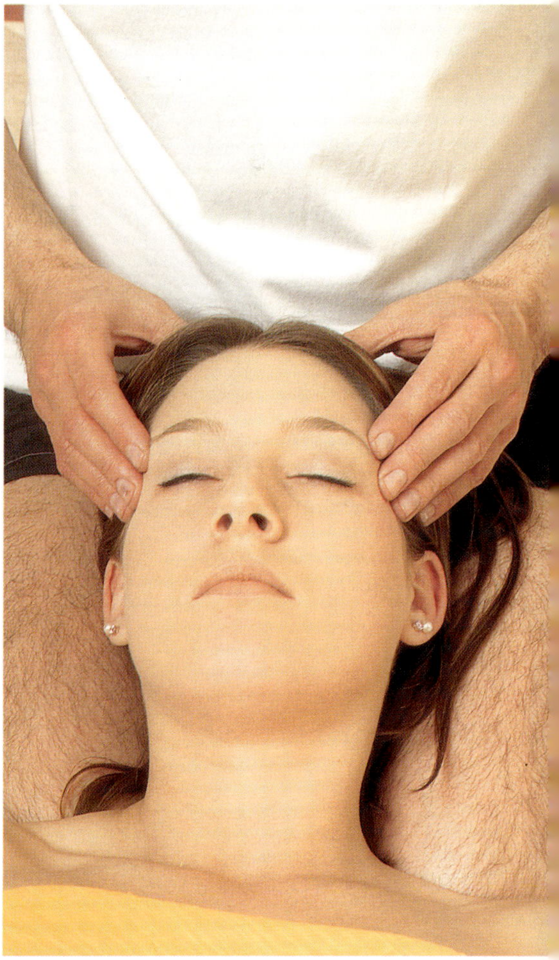

Vous pouvez ajouter une goutte de votre essence florale préférée à votre mélange d'huile à massage, pour dissiper les problèmes sexuels.

conclusion

Arrivés ici, votre partenaire et vous devriez avoir découvert les plaisirs de donner et de recevoir un massage sensuel, et nous espérons que l'expérience aura apporté plus d'harmonie, de joie et d'excitation dans votre relation. À l'heure qu'il est, vous avez sans doute créé vos propres mouvements de massage et développé vos propres philtres d'amour.

Des relations sexuelles sur une base régulière sont une part importante d'une relation à long terme. Une étude s'étendant sur dix années, menée par le Dr Weeks, un conseiller en neuropsychologie de l'Hôpital royal d'Édimbourg, révèle que les couples qui ont des relations sexuelles au moins trois fois par semaine paraissent plus jeunes d'au moins dix ans! Pour arriver à ces conclusions, le Dr Weeks a interviewé plus de 3 500 couples âgés entre 18 et 102 ans et vivant une relation de couple stable en Grande-Bretagne, en Europe et aux États-Unis. Par conséquent, si vous pratiquez le massage sensuel régulièrement, non seulement cela peut-il vous procurer beaucoup de plaisir, mais il est prouvé que c'est excellent pour votre santé et que cela peut vous donner une apparence de jeunesse!

Donner et recevoir un massage sensuel est une merveilleuse expérience érotique pour vous et votre partenaire. Il y a de bonnes chances que vous vous sentiez détendus, très proches l'un de l'autre et heureux ensemble.

index

T

V

Y

Crédits photographiques:

© Quarto Publishing, E.T. archive, ACE Photo Agency

Nous remercions les modèles: Adam, Paula et Bruno